아이를
크게 키운
고전 한마디

김재욱 지음

아이를
크게 키운
고전 한마디

한솔수북

　부모라면 누구나 자기 자녀가 잘 자라서 성공하기를 바란다. 그 '성공'이라는 것을 무엇이라고 특정하기는 어렵겠지만 '잘 되는 것' 정도로 말할 수 있겠다. 그래서 부모는 자녀의 교육에 많은 신경을 기울인다. 나 역시 딸아이들을 키우는 부모이기 때문에 한국의 여느 부모들처럼 교육비 지출이 많고, 아이들의 일거수일투족에 관심을 기울이며, 이런저런 잔소리를 하는 편이다.

　그러나 나이가 들어가고 아이들이 그만큼 자랄수록 자녀를 키우는 일이 점점 어렵다는 생각이 든다. 나는 아이들을 되도록 간섭하지 않고 놔두는 게 좋다고 생각하는 사람이지만 그 기준이 모호하다. 또한 아이들이 무언가를 물어볼 때 그에 맞춰 대답을 하면서도 속으로는 '지금 내가 제대로 답하고 있는 건가?' 하고 확신을 갖지 못하는 경우가 많았다. 지금 이 글을 읽고 계신 독자들도 나처럼 생각하는 분들이 적지 않으리라 짐작한다. 참 무책임한 말처럼 들릴 수도 있겠지만 어른들이 '애들 교육에 정답은 없다'고 한 말씀이 가슴에 와닿는다.

나는 이 책을 통해 '아이들을 잘 키우려면 이래야 한다'는 답을 제시하기보다는 아빠이자 선생인 내가 아이를 제대로 키우려면 어떻게 해야 할지를 고민하고, 그 과정에서 옛 사람들의 지혜를 빌려서 답을 찾아보고자 했던 이야기를 들려드리려 한다. 고전에서 답을 찾고자 했던 것은 과거와 현재는 많은 측면에서 다르지만 자녀를 생각하는 부모의 마음은 같고, 옛 사람이 남긴 훌륭한 말은 오늘날에도 많은 이들의 삶에 긍정적인 영향을 주고 있다고 생각했기 때문이다. 이 책에 소개한 옛 사람들의 글이 오늘을 사는 우리에게 적지 않은 공감을 불러일으킬 것으로 기대한다.

다만 이 책의 내용을 전부 옛 사람들의 글로 채워 넣지는 않았다. 아내와 딸아이들, 학생들과 일상에서 나눈 대화가 주를 이루고 있으며, 옛 사람의 글은 특정 상황에서 내가 이들에게 했던 말의 근거로 제시했다. 책의 제목이 '아이를 크게 키운 고전 한마디'인데 그야말로 '한마디'인 셈이다. 대화를 정리하고 옛 사람의 글을 붙이면서 좋은 아빠가 되기 쉽지 않고, 좋은 선생이 되기 어렵다는 사실을 새삼 느꼈다.

어떤 경우에는 아이들과 대화를 하는 과정에서 오히려 내가 무언가를 배우는 경험도 했다. '교학상장教學相長(가르치고 배우는 일이 나의 성장을 돕는다)'은 내 경우를 두고 하는 말이었다. 아마 이 책을 읽는 분들 대부분이 부모일 것으로 짐작되는데 나와 같은 기분을 느끼셨으면 하는 바람이다.

책에는 정리된 글이 수록되어 있지만, 이 글의 초고는 페이스북에 아빠로서 선생으로서 겪은 일과 그에 따르는 짧은 생각을 두서없이 썼을 뿐이었기 때문에 출간을 염두에 두지 않았다. 고맙게도 여러분이 좋아해 주셨고, 책을 출간하기에 이르렀다. 책을 출간하자고 제안해 주신 출판사와 원고 기획부터 출간에 이르기까지 전 과정을 함께 해주신 배소라 주간님께 감사 인사를 드린다.

이 세상에 오롯이 자신의 힘만으로 자라는 사람은 한 명도 없다. 책은 내가 썼지만, 책을 쓸 수 있을 때까지 길러주신 부모님, 가르쳐 주신 선생님들의 은혜는 한 순간도 잊은 적이 없다. 특히 몇년 전 작고하신 대학시절 은사님을 떠올리면 흐르는 눈물을 주체하기 어렵다. 돌아가시던 해에 병문안을 갔지만, 이후 연락이 끊겨 선생님이 돌아가신 줄도 몰랐다. 묘소가 어딘지도 모른다. 이 죄를 어떻게 갚아야 할지…. 작가로서 나를 대중에게

알려주셨고, 늘 격려를 아끼지 않고 계신 어떤 선생님 생각도 난
다. 어찌 보면 작가로서 계속 책을 내게 된 것도 그 선생님이 나
를 세상에 알려주신 덕분이라고 생각한다. 감사드리지 않을 수
없다.

가족과 친구들 이야기도 빼놓을 수 없다. 가장 좋은 편집자
이자 독자인 아내, 자신들의 이야기를 그대로 실어도 좋다고 허
락해 준 딸아이들에게 고마움과 미안한 마음을 전한다. 부족한
글을 좋아해 주시고 응원해 주시는 페이스북 친구들, 명지고등
학교 문예부 선후배들, 동호회 청묘 회원 여러분께도 감사의 말
씀을 전한다. 끝으로 이 책을 읽고 계신 독자 여러분의 댁내에 건
강과 행운이 가득하시길 빈다.

2020년 8월 승조헌昇照軒(해가 비치는 집)에서

김재욱

차
례

III

사회성

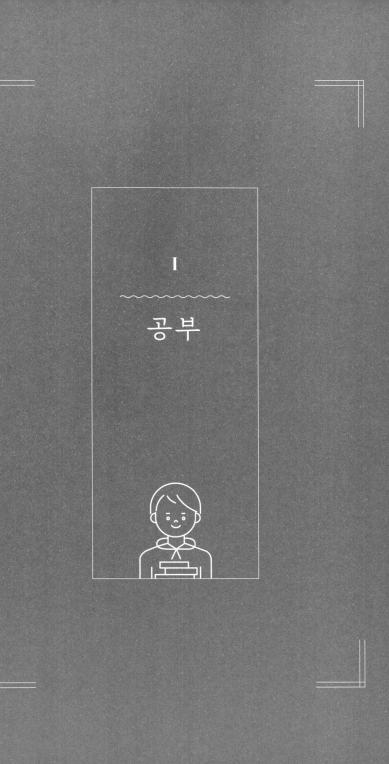

I

공부

천천히 걸어야
멀리 간다

총명한 사람이 조금만 읽어서 잘 외는 것도
좋은 일이 아니지만, 둔한 사람에게 많은 분량을
익히도록 하는 것은 마치 약한 말에
무거운 짐을 실은 것과 같으니
어찌 멀리 갈 이치가 있겠는가?

이덕무

마음 아팠던 기억

지금은 스물한 살인 큰아이가 네 살 되던 해에 나는 아이한 테 《사자소학》을 가르쳤다. 아내가 가르쳐보라고 권유했고, 아이도 배우고 싶다고 했다. 가르쳐보니 아이가 차분하게 잘 앉아 있고, 시키는 대로 잘 따라온다.

신이 나서 한 시간가량 가르쳤다. 끝내기 전에 배운 걸 다시 읽어보라고 했다. 분명 가르칠 때는 다 알아들었는데 혼자서 하라고 하니 읽지를 못한다.

이즈음에서 그만뒀어야 했다. 나는 아이가 틀리게 읽으면 즉시 바로잡아줬다. 아쉽게도 아이는 그 이상을 하지 못했다. 내가 화를 내진 않았지만, 이미 지친 데다 아빠가 자기를 혼낸다고 생각하는 건지, 생각만큼 잘 안 돼서 그러는 건지 끝내 울음을 터뜨렸다.

옆에서 보던 아내가 나를 말렸다.

"너무 오래 붙잡고 앉아 있으니 그렇잖아. 이제 그만해."

"그래도 배운 거 복습은 해야 되잖아."

"아니, 애가 울잖아. 계속하면 안 되지."

이렇게 그때는 내 잘못을 모른 채 넘어갔고, 이후로 큰아이한 테 한자를 가르치지 않았다. 이 일도 잊어버렸다.

시간이 흘러 아이는 초등학교에 입학했다. 우연찮게 내가 아이네 반에 학부모 교사로 가서 한자를 가르칠 기회가 있었다.

한자에 얽힌 옛날이야기를 하면서 수업을 하니 아이들이 무척 즐거워했다. 큰 아이도 예외가 아니었다. 그날 저녁 득의양양해진 나는 아이한테 우쭐댔다.

"아빠 수업 재미있었지?"

"응. 재미있었어."

"하하, 고마워. 너 그럼 아빠한테 한자 배울래?"

아이는 일 초도 망설이지 않고 대답했다.

"아니, 싫어."

당연히 배우겠다고 말할 줄 알았는데 싫다는 소리를 들으니 기분이 확 가라앉았다. 뭔가 분위기가 이상하다. 애써 웃으면서 물어봤다.

"왜? 재미있다면서?"

"응. 재미는 있는데 배우기 싫어."

"아빠가 무섭게 할까봐?"

"아니, 그냥 싫어."

"어, 그래. 다음에 기회가 있으면…."

아이가 대답할 때의 표정을 봤다. 질색을 하지도 않았고 담담했다. 도대체 왜 싫다고 했을까? 한참 생각하다가 몇 년 전 그 일을 기억해냈다.

아빠와 함께했던 그 한 시간이 아이한테는 매우 힘든 시간이었구나. 아빠한테 칭찬을 받고 싶어서 열심히 했는데 칭찬은커녕 틀린 걸 지적하고 반복이나 시켰으니 얼마나 힘들었을까. 그 기억 때문에 싫다고 한 거였구나. 정말 부끄럽고 미안했다. 그 한 시간을 잘못 보낸 덕분에 아이는 공부에 흥미를 잃어버렸고, 아빠한테 마음까지 닫아버렸다.

내 인생을 위해 배우고 싶어

얼마 전 아내가 고등학생이 되는 셋째 아이에게 한자를 가르치라고 했다. 고등학교 들어가면 고전을 배울 테고, 그 공부를 하려면 한자를 알아야 하지 않겠느냐는 것이었다. 큰아이 때의 일도 있고, 학습 부담도 큰데 한자까지 가르치는 것이 과연 괜찮을까 싶어 아이에게 물어보고 결정하기로 했다.

어느 날 아이에게 넌지시 한자 공부 이야기를 꺼냈더니 뜻밖의 대답이 나왔다.

"배우고 싶지. 그런데 일요일밖에 시간이 안 돼."

"그럼 일요일에 하지 뭐. 고등학교 가면 한문 과목을 배울 거고, 고전문학에도 한자 많이 나오니까 알아두면 좋을 것 같네."

"그렇지. 근데 그거하고 상관없이 배우고 싶어."

"왜?"

"내 인생을 위해서 배워둬야 할 것 같아."

"……."

아이는 왜 이런 이야기를 했을까? 궁금했지만 더 묻지 않고 공부를 시작하기로 했다. 예전에 큰아이를 가르치다가 실패했던 생각이 나면서 긴장이 됐다. 조선 후기 정조正祖 시절 사람으로, 이름난 천재였던 이덕무李德懋(1741~1793)의 말이 떠올랐다.

어린아이에게 글을 가르칠 때에는 절대로 많은 분량을 가르쳐선 안 된다. 총명한 사람이 조금만 읽어서 잘 외는 것도 좋은 일이 아니지만, 둔한 사람에게 많은 분량을 익히도록 하는 것은 마치 약한 말에 무거운 짐을 실은 것과 같으니 어찌 멀리 갈 이치가 있겠는가? 글은 분량을 적게 해서 익숙해질 때까지 읽어 뜻을 아는 것이 귀중하다. 만약 이처럼 한다면 아이가 둔해서 잘 외지 못한다 하더라도 용서하는 것이 좋다. 헛되이 읽기만 하고 잘 외지 못하면 더욱 주의하여 아이가 외는 것을 살피는 것이 좋다.

나는 어릴 때 하루 배우는 분량이 오십 줄에 불과하였는데, 그것은 기질이 약했기 때문이다. 그렇다고 헛되이 읽지는 않았는데,

그것은 성질이 순진했기 때문이다. 외는 것은 잘하지 못했는데 그
것은 둔했기 때문이다. 그러나 익숙해질 때까지 읽어서 뜻은 알았
기 때문에 어른이 책망하지 않았다.

《청장관전서靑莊館全書》권27-29, 〈사소절士小節〉

딱 나 들으라고 하는 말 같았다. 예전에 큰아이를 가르칠 때
도 이 말을 알고 있었지만, 실천하지 못했다. 아이가 총명한지 둔
한지도 파악하지 않았고, 가르치겠다는 의욕만 앞세웠다. 파악
했다 하더라도 그렇게 즉시 확인하고 반복해서는 안 됐다. 셋째
에게는 같은 실수를 반복하지 않으리라 마음먹었다. 무슨 일이
있어도 욕심 부리지 않고, 아이 수준에 맞춰서 천천히 가르치리
라 다짐했다.

공부를 좋아하는 마음

가만 보면 이덕무의 글에는 조금 이상한 대목이 있다. "하루
배우는 분량이 오십 줄에 불과했다"는 말이다. 물론 한문을 배우
지 않는 요즘의 상황에 비추어 보면 매우 많아 보이는 분량이다.
그러나 옛날에는 출세를 하려면 반드시 한문으로 된 유가儒家의

경전에 정통해야 했다. 과거시험 문제가 모두 여기에서 출제되었기 때문이다. 게다가 한시漢詩도 지을 줄 알아야 했다. 그러니 선비들은 어렸을 때는 물론 성인이 된 후에도 끊임없이 공부를 해야 했다. 이런 분위기 속에서 오십 줄은 결코 많다고 할 수 없는 분량이다.

그럼 이덕무는 오십 줄 밖에 배우지 않았는데 어떻게 쟁쟁한 선비들을 누르고 정조가 큰 뜻을 품고 설립한 규장각奎章-閣의 검서관檢書官(서책을 관리하는 벼슬아치)으로 선발될 수 있었을까? 우선 스스로 밝힌 것처럼 기다려주는 어른이 있었고, 무작정 암기하기보다는 뜻을 이해하는 데 주력했기 때문이다. 게다가 이덕무는 어렸을 때 몸이 약해서 오랜 시간 집중하기 어려웠을 것이므로 자신의 상태에 맞춰서 꾸준히 공부할 수밖에 없었을 것이다.

사실 이덕무는 남다른 천재성과 집중력이 있었다고 전해진다. 예닐곱 살 때 시를 지었고, 특별히 가르쳐주는 스승도 없어서 독학으로 많은 책을 읽었다고 한다. 평생 읽은 책이 이만 권이 넘었다고 하니 대단하다고 하지 않을 수 없다. 집안 형편이 좋지 않아서 책을 살 돈이 없어 남의 책을 베낀 것이 수백 권에 이르렀다고 한다. 이처럼 책을 좋아하여 이덕무는 스스로 '간서치看書痴(책만 보는 바보)'라고 불렀다. 자신을 삼인칭으로 놓고 쓴 〈간서치

전看書痴傳)의 일부를 보자.

"어렸을 때부터 스물한 살이 될 때까지 하루도 옛날 책을 손에서 놓은 적이 없었다. 그의 방은 매우 작았지만, 동쪽 창문·남쪽 창문·서쪽 창문이 있었으므로 동쪽 서쪽으로 해를 따라가며 밝은 곳에서 책을 보았다. 보지 못했던 책을 보면 문득 기뻐서 웃었는데 집안 사람들은 그의 웃음소리를 듣고 그가 기이한 책을 구했음을 알았다."

《청장관전서》 권4, 〈간서치전〉

타고난 머리도 있었겠지만, 어렸을 때부터 무리하지 않고 꾸준히 공부하는 버릇을 들였고, 그 과정에서 공부를 좋아하는 마음이 일어나면서 '간서치'가 되기에 이르지 않았는가 한다. 이덕무를 보면서 더욱 아이의 상태와 수준을 감안하고 가르쳐야겠다는 다짐을 해본다.

잊어도 괜찮아

셋째 아이하고는 옛날 어린아이의 한문 교습을 위해 여러 시인들의 한시 구절을 추려서 엮은 《추구推句》를 함께 읽기로 했다. 한 구절을 읽고 왼 뒤에 아이가 말했다.

"아빠, 이렇게 배웠는데 나중에 기억이 안 나면 어떻게 해?"

"기억이 안 나는 게 정상이야. 이걸 매일 하는 게 아니잖아. 지금 아빠하고 할 때 이해하고 열심히 쓰고 읽으면 돼. 기억이 나지 않으면 다시 보면 되는 거야. 기억 못한다고 혼내는 사람도 없잖아. 잊으면 다시 보고, 또 보다 보면 자연스럽게 기억이 되는 거야."

"이 글자는 조금 어려운데?"

"어렵지? 맞아. 어려워. 그럼 우선 오늘 이 글자 뜻이 뭔지 알고, 쓰는 법만 익혀. 그렇게 넘어가면 돼. 다음 주에 까먹을 수도 있겠지. 그럼 또 써보면 되는 거야. 대신 지금 아빠하고 할 때는 알아야 돼. 지금은 알겠어?"

"응."

"좋아. 그럼 되는 거야. 자, 읽어보자. 시작."

"천고일월명天高日月明이요, 지후초목생地厚草木生이라. 하늘이 높으니 해와 달이 밝고, 땅이 두터우니 풀과 나무가 자라네."

다행히 아이는 싫증을 내지 않고 한자 공부를 하고 있다. 물론 아이의 속마음이 어떤지 나도 장담할 수는 없지만….

그런데 이것이 가장 올바른 방식일까 하는 의문이 든다. 옛사람인 이덕무의 말을 오늘을 사는 내가 그대로 받아들이는 게 바람직한가? 아이들의 학습 능력을 숫자로 계량화하고, 그것으로 등급을 매기는 세상인데 내가 너무 순진한 생각을 하고 있지는 않은가? 별 생각이 다 들었다.

그럼에도 내가 아이에게 많은 분량을 가르치지 않고, 외우라고 닦달하지 않는 것은 이덕무의 말대로 아이는 아직 멀리 갈 수 있는 상태가 아니기 때문이다. 그 '상태'라고 하는 건 아이의 지적 수준일 수도 있고, 배우고자 하는 의지의 강약일 수도 있으며, 몸 상태일 수도 있다. 무엇이 되었든 받아들일 준비가 되어 있지 않으면 가르칠 수 없고, 가르친다고 해도 성과를 기대하기 어렵다.

셋째 아이는 고등학교 입학을 앞두고 있다. 고등학교에 진학하면 대학입시를 준비해야 한다. 대학 입시, 무척 중요하다. 이 시험의 결과에 따라 아이의 삶이 일정 부분 좌우되는 것이 사실이고, 현실이다. 그러나 대학 입시가 인생의 종착역이 아닌 이상 멀리 봐야 하지 않을까 한다. 내가 배운 지식과 살면서 얻은 지혜는 어찌 보면 대학 입시 이후에 펼쳐질 더 오랜 시간을 위해 필요한 것이 아닐까? 아이의 말이 다시 떠오른다.

"그거하고 상관없이 배우고 싶어. 내 인생을 위해서 배워둬야 될 것 같아."

아이는 어휘력 향상에 도움을 주긴 하지만, 주요 과목이 아닌 한문을 배우겠다고 했다. 나는 성과를 생각했는데 아이는 배움 자체를 목적으로 삼은 것이다. 대견하면서도 부끄러웠다.

나는 큰아이에게서는 무작정 가르쳐선 안 된다는 것을, 셋째 아이에게서는 인생을 멀리 보고 살아야 한다는 걸 배웠다. 그리고 큰아이에겐 그때 일을, 셋째 아이에겐 지금 배우고 있는 것을 잊어버려도 괜찮다고 말해주었다. 둘 모두 멀리 가기 위해 준비하는, 그러나 아직은 '약한 말'이기 때문이다.

잘하라고
요구하지 않는
까닭

옛날에는 서로 자식을 바꿔서 가르쳤네.
부자간에는 선善하라고 요구하지 않는 법이니,
선하라고 요구하면 정이 떨어지게 되지.
이보다 더 나쁜 것은 없네.

맹자

어디까지 개입해야 할까

아이 키우면서 한 번쯤 겪어봤을 일일 것이라 짐작해서 부끄러움을 무릅쓰고 이야기를 해보려 한다. 충돌 없이 세상을 살면 얼마나 좋겠는가마는 그게 어디 사람 마음대로 되는 일인가. 아이들 공부, 성적을 두고 아내와 싸운 적이 있다.

아내는 가끔 아이들이 숙제하는 것을 돕는다. 문제집 채점을 하면서 가르쳐주기도 한다. 어느 날 초등학교에 다니는 막내딸의 수학 숙제를 돕다가 사달이 났다.

아내가 틀린 답을 고쳐주며 차근차근 설명을 하는데 아이가 잘 알아듣지 못했다. 처음엔 조곤조곤 말을 했지만, 시간이 흐르면서 점점 목소리가 높아졌다.

"시진아, 여기에선 이거하고 저거하고 나눠야 되잖아."

"…"

"거기에선 이거에서 저걸 빼야지. 알겠니?"

"…"

평소엔 맞히던 문제라서 실수만 바로잡아주면 될 줄 알았는데 애가 긴장을 했는지 아예 백지 상태가 되어버렸다. 이 상황에선 더 가르쳐선 안 된다. 아이는 기가 죽었고, 아내는 화가 났기 때문이다. 아내도 이런 사실 정도는 안다. 아이를 방으로 들여보

내고 나서 한숨을 쉰다.

"평소에 잘 맞추던 걸 틀릴 수도 있어. 그런데 틀린 이유를 모르니까 더 화가 나네."

내가 말했다.

"틀려서 주눅이 든 상태인데, 당신이 크게 나무라니까 더 정신을 못 차리는 거잖아. 우선 달래놓고 천천히 말해줘야지."

"내가 그걸 몰라? 내가 소리 지르고 싶어서 지르는 줄 알아? 당신이 한번 가르쳐봐. 당신은 왜 아무것도 안 하면서 나한테만 뭐라고 그래? 못하면 혼도 내야 되는 거야."

"나는 애당초 가르치면 안 될 것 같아서 안 가르친 거야. 나도 사람이니까 답답하면 화도 내고 하겠지. 그런데 그럼 안 되는 거잖아. 나한테나 애한테 무슨 도움이 되겠어?"

"그런 말이 어디 있어? 애 혼자 못하니까 누구라도 도와야 하는 거잖아. 당신 그렇게 쉽게 말하면 안 돼. 그거 무책임한 거야."

"아니, 그게 왜 무책임한 거야? 그렇게 화를 낼 거면 뭐 하러 손을 대? 틀렸으면 지적하고 어떤 경우엔 혼을 낼 수도 있겠지. 수학 문제 틀린 게 혼날 일이야? 이런 거 때문에 화를 낼 거면 손을 떼, 그냥."

"그럼 틀리게 그냥 놔둬?"

"그냥 놔두래? 그 문제는 학교나 학원에 맡겨야지. 우리는 수학 선생이 아니잖아."

아이의 공부에 부모가 개입하는 게 과연 옳은 일인가? 만약 옳다면 어디까지 개입해야 하는 것일까?

부모 자식 사이에는 책선하지 않는다

아내와 다투는 내내 머릿속에 맴도는 말이 하나 있었다. '책선責善'이다. '책責'은 '요구한다'는 뜻이고, '선善'은 '선하다', '좋다'는 뜻이다. 누군가에게 '선하라고 요구하는 것'이 '책선'이다. 이 말은 《맹자孟子》에 나오는데, 맹자는 "부모와 자식 지간에는 책선하지 않는다"고 했다. 왜 이런 말을 했을까? 맹자의 말을 들어보자.

맹자의 제자인 공손추가 물었다. "군자가 직접 자식을 가르치지 않는 까닭이 무엇입니까?" 맹자가 대답했다. "형편상 그렇게 할 수 없기 때문이지. 가르치는 사람은 반드시 바른 도리로써 가르치려고 하는데, 그렇게 가르쳤는데도 자식이 바른 도리를 행하지 않으면 화가 나게 되고, 화를 내게 되면 도리어 자식의 마음을 상하게 하네. 동시에 자식도 부모를 두고 '아버지는 나를 바른 도리로 가르치시지만, 자신의 행실도 반드시 바른 도리에서 나오지 않는구나' 하고 생각할 거야. 이렇게 되면 이것은 부자간에 서로 의가 상하는 것이니, 부자간에 서로 의가 상하는 것은 나쁜 일이지. 이래서 옛날에는 서로 자식을 바꿔서 가르쳤네. 부자간에는 선善하라고 요구하지 않는 법이니, 선하라고 요구하면 정이 떨어지게 되지. 이보다 더 나쁜 것은 없네."

《맹자》〈이루離婁·상上〉

이 글은 부모가 자식에게 행동을 가르칠 때 '선하라고 요구하지 않아야 한다'는 뜻을 담고 있다. 예를 들어 스마트폰을 자주 보는 아이에게 "너무 자주 보지 마라. 건강에 해롭다"는 말을 하면 아이는 "엄마, 아빠는 더 자주 보면서 왜 나한테는 하지 마라 해?" 하면서 반발한다. 이런 상황에 대처하는 여러 가지 방식이 있겠지만, 아이한테 '책선'을 하려면 부모의 자세가 제대로 되어 있어야 한다. 그렇지 못하면 반드시 아이의 반발을 사게 되고, 부모가 힘으로 누르게 되면 그때부터 부모와 자식 사이에 틈이 생기고, 끝내 정이 떨어지게 된다는 말이다.

나는 맹자의 말을 반드시 '행동'에 제한할 필요는 없으며, 현재 부모 노릇을 하는 사람들이 받아들여야 할 점이 있다고 봤다.

정작 이런 말을 남긴 맹자는 책선 이상의 강도 높은 교육을 받았다고 알려져 있다. 어린 맹자의 교육을 위해 사는 곳을 세

번 옮겼다는 맹자 어머니의 일화가 담긴 '맹모삼천孟母三遷'의 고사와 함께 널리 알려진 말로 '맹모단기孟母斷機'가 있다. '기機'는 베틀인데 천을 짜는 기계이다. '단기斷機'를 직역하면 '베틀을 자르다'가 되는데, '맹자의 어머니가 짜던 천을 잘라버리다'는 뜻으로 읽으면 된다. 그 사연은 이렇다.

맹자가 어렸을 때 공부를 마치고 돌아왔는데 어머니는 실을 잣고 있었다. 어머니가 물었다. "네 학문이 어느 정도에 이르렀느냐?" 맹자가 말했다. "이전과 같습니다." 어머니가 짜던 천을 칼로 잘라버리자 맹자가 두려워하며 이유를 여쭸다. 어머니는 말했다. "네가 공부를 중도에 그만둔 것과 내가 천을 자른 것은 같은 일이다." 맹자가 두려워해서 아침저녁으로 부지런히 공부하며 쉬지 않았고 훗날 자사子思를 스승으로 모셔 마침내 세상에서 이름난 선비가 되었다. 군자들은 "맹자 어머니는 어머니 된 도리를 아는 분이다"고 하였다.

유향, 《열녀전》

공부를 중도에 포기하면 안 된다는 교훈을 담고 있는 일화라 할 수 있다. 이 일화는 한漢나라 시기에 유향劉向(기원전 77~기원전 6)이 쓴 《열녀전列女傳》에 나오는데, 유명한 사람에게 따라붙는 일종의 전설 같은 것이므로 이를 사실이라고 믿기는 어렵다. 맹자는 저런 방식을 선호하지 않았을 것이다. 맹자 이야기가 나온 김에 잠깐 옆길로 새보았다.

부모 자식의 정만큼 귀한 것은 없다

부모는 자식이 좋은 학교에 가기를 바라고, 경쟁 사회에서 이기거나 살아남기를 바란다. 모두 그렇진 않더라도 많은 부모가 그렇게 생각한다. 그 마음이 잘못되었다고 보지 않는다. 지극히 현실적인 생각이기 때문이다. 그러나 그 생각이 지나치면 반드시 탈이 난다.

자식이 생각만큼 하지 못하면 화를 내면서 닦달한다. 남의 자식과 비교한다. 심지어 자식을 욕하거나 때리기도 한다. 대회 입상을 위해 코치가 선수를 때려도 문제 제기조차 하지 않는 부모도 있다. 모양과 정도가 다를 뿐 모두 책선이다. 이렇듯 책선을 하면서 한결같이 말한다.

"이게 다 너 잘되라고 하는 거야. 너를 사랑해서 그러는 거야."

이것을 과연 사랑이라고 할 수 있을까? 그렇게 해서 잘되기라도 하면 그나마 다행이다. 잘되지 않았을 땐 어떻게 할 것인가. 더욱이 자식이 받을 상처는 무슨 방법으로 치유할 수 있을까?

부모를 원망하며 마음을 닫아 서로 간에 '정이 떨어지는 일'은 어떻게 해결할 것인가.

"시간이 흘러 자식이 부모 나이가 되면 다 알게 된다. 부모를 이해하게 될 거다. 잘되고 나면 다 보상받는다. 세월이 약이다."

흔히 이렇게 말해왔고 지금도 이렇게 이야기하는 이들이 많다. 하지만 한 번 사이가 벌어인 부모자식 간에 다시 정을 회복하기는 쉽지 않다.

아이가 어려워하는 걸 보면서 안타까웠고, 아내가 속상해 하는 걸 보면 답답하면서 화도 났다. 무책임한 아빠라는 소리를 들었을 때 버럭 하면서도 속으론 인정하지 않을 수도 없었다. 아내 입장에선 고생은 자신이 다 하면서 아이들에게 나쁜 엄마가 되는 사이 아빠인 나는 고작 맹자의 말이나 외면서 좋은 아빠 흉내를 내는 것으로 볼 수 있겠다는 생각도 든다. 아내와 아이에게 미안한 마음뿐이다.

언젠가 아내한테 위에 써놓은 맹자 이야기를 한 적이 있다. 아내는 충분히 이해하고 공감하면서도 한숨을 쉬며 고개를 흔들었다.

"맞는 말이기는 해. 그럼 부모는 자식한테 잘하라는 말조차 하면 안 된다는 거야? 그건 아니잖아. 그리고 학교하고 학원에서 다 해결하지도 못해. 내가 좀 더 조심해야 한다는 건 알겠어. 그러니 당신도 도와줬으면 좋겠어."

"당신한테 다 미뤄놓은 것 같아서 나도 마음이 편치가 않아. 그래도 되도록 당신이 손을 대지 않았으면 하고, 그 시간을 최소화했으면 좋겠어. 나까지 당신하고 같이 하면 아이가 더 힘들어할 수도 있잖아. 대신 다른 방식으로 돕고 싶네."

조금 풀이 죽어서 책상에 앉아 있는 아이한테 다가갔다.

"시진아, 수학 어렵지?"

"응."

"엄마가 잘하라고 해도 잘 안 되니까 속상하지?"

이 말을 듣자 아이의 눈에서 닭똥 같은 눈물이 뚝뚝 떨어진다.

"어쨌든 이건 너만 하는 게 아니라, 친구들도 다 하는 거잖아. 모르면 선생님한테 물어보고, 엄마한테 물어봐. 알았지?"

"응."

"너 속상한 거 잘 알겠어. 근데 엄마도 너 속상한 거 알아. 엄마가 일부러 너 미워서 잘하라고 한 거 아니라는 건 알아?"

"응. 알아. 그래도 속상해."

"그래. 속상하지. 엄마가 미워서 그래?"

"아니. 엄마 안 미워. 안 되니까 속상해."

"그래. 엄마도 시진이도 서로 안 미워해. 그럼 된 거야. 수학 문제는 천천히 해봐. 엄마하고 아빠하고 너 백점 받는 거 안 바라.

조금씩 알아가기를 바라는 거지."

"응. 알았어."

아내와 아이 사이에 정이 있다는 걸 확인했다. 책선을 하되 지나치지 않았으므로 그렇다고 여긴다. 그래도 부모자식 사이에선 책선을 하지 않는 게 좋다는 생각엔 변함이 없다. 부모와 자식 사이에 정만큼 귀한 것은 없기 때문이다.

공부에
정해진 때는 없다

사람이 공부에 얼마큼 힘쓰느냐가 중요할 뿐
일찍 시작하느냐 늦게 시작하느냐는
논할 바가 아니라고 생각한다.

장유

매점 아줌마의 졸업 축사

해마다 2월이 되면 학교에서 졸업식이 열린다. 내가 학교에 다닐 땐 학생들이 줄지어 서서 교장의 훈화를 듣고, 우등상이나 개근상을 받으며, 송사와 답사를 한 뒤 교가나 졸업 노래를 부르는 것으로 졸업식이 마무리되었다. 그러나 요즘엔 행사 중간에 졸업생들이 만든 영상이나 선생님들의 인사가 담긴 영상편지를 보여주기도 한다. 확실히 예전과는 많이 달라졌음을 느낀다. 분위기도 예전에 비해 확실히 밝아졌다.

몇 년 전 첫째 아이의 고등학교 졸업식에 참석했을 때의 일이다. 여느 졸업식처럼 같은 과정이 반복되었다. 단상 위의 화면에서 각 반 담임의 축하 인사가 나오고 있다. 이러면서 졸업식이 마무리 될 줄 알았다. 그런데 잠시 후 졸업생들이 큰 소리로 환호하기 시작했다. 자막이 나온다. "매점 아줌마."

정말 기발하구나. 이 분은 뭐라고 하실까.

대학에 가는 학생도 있고, 일 년 더 해야 하는 학생들도 있지만, 다들 잘 지냈으면 좋겠어요. 고생 많으셨어요. 나는 학생들이 참 좋아요. 나는 창덕여고를 참 좋아해요. 좋은 학교에 있는 것도 고마운 일인데 올해 저한테 좋은 일이 있었어요. … 여러분들이 교실에서 공부하는 동안 저는 책을 봤어요. 그렇게 공부해서 올해 평생교육원 사회복지학과를 졸업했어요. 나이 들어서 공부하려니 참 힘이 들었어요. 눈도 잘 보이지 않고 머리도 잘 안 돌아가고…. 그래도 학생들 보면서 열심히 했어요. 학생들 보면 힘이 났어요. 학생들 기운이라는 게 있는 것 같아요. 고마워요. 나중에 놀러오면 매점 들르세요. 왔다가 휙 그냥 가지 말고….

조금 전까지 환호하던 학생들, 같이 웃던 학부모들은 순간 말을 잊었다. 모두들 매점 아줌마의 말이 끝날 때까지 멍하니 화면을 바라보았다. 그 짧은 순간에 이런 생각이 들었다. 자식들이나 나에게 배우는 학생들한테는 '늦었다고 생각하지 마라', '포기하지 마라'고 했으면서 정작 나는 이미 나이가 들어서 새로운 걸 배우기에는 늦었고, 노력을 해서 뭔가를 배워본들 이미 그 방면에 뛰어난 사람들이 많을 것이므로 배운 걸 써먹을 수도 없다고 생각해서, 하고 싶은 게 있어도 시작조차 하지 않았다. 매점 아줌마가 나 들으라고 하는 말 같았다.

매일같이 만났던 아줌마의 말을 들은 학생들은 무슨 생각을 했을까. 나중에 아이의 말을 들어보니 영상을 보며 눈물짓는 아이들이 많았다고 한다. 나도 아이들과 같은 마음이었다. 아줌마의 진심이 담긴 축복, 자신의 성취를 학생들에게 돌리는 그 마음,

무엇보다 늦은 나이에 공부를 시작해서 얻은 좋은 결과에 감동하지 않을 수 없었다.

늦은 나이에 공부하여 성취한 사람

아줌마의 이야기를 들으면서 내가 늘 누군가에게 이야기해주었던 글을 떠올렸다. 조선 중기 '한문사대가漢文四大家' 중 한 명으로 명성이 높았던 계곡谿谷 장유張維(1587~1638)의 〈만학성취晚學成就(늦은 나이에 공부하여 성취하다)〉라는 글이다.

예로부터 문장가는 대부분 어린 시절에 출중한 재주를 이루었지만, 늦은 나이에 공부해서 성취한 사람도 있다. 황보밀皇甫謐(215~282)은 나이 이십 세 때도 공부를 좋아하지 않았는데, 뒷날 느낀 바 있어 분발하여 사람을 찾아가 수업을 해서 마침내 백가의 설에 두루 통달하게 됐다. 세상 사람들은 그를 현안선생玄晏先生이라 불렀다.

진자앙陳子昂(661~702)은 돈과 세력이 있는 집 아들이었는데 십칠팔 세에도 글을 몰랐다. 뒷날 개연慨然히 뜻을 세워 경전經典에 정신을 집중하여 마침내 문장으로 세상에 이름을 냈다.

소노천蘇老泉(1009~1066)은 나이가 이미 장년이 되었는데도 글
을 몰랐다. 이십칠 세에 비로소 분발하여 글을 읽었는데 오륙 년이
지나 크게 문학의 업적을 이루었다. 이런 걸 보면 사람이 공부에 얼
마큼 힘쓰느냐가 중요할 뿐 일찍 시작하느냐 늦게 시작하느냐는 논
할 바가 아니라고 생각한다.

장유,《계곡만필谿谷漫筆》권1, 〈만학성취〉

황보밀은《삼국지연의》의 초반에 잠시 등장하는 인물인 황보
숭皇甫嵩(?~195)의 증손자다. 장유의 말처럼 공부를 좋아하지 않
았을 뿐 아니라 매우 방탕했는데, 숙모가 눈물을 흘리며 꾸짖자
크게 뉘우치고 공부해서 큰 학자가 되었다고 한다.

황보밀은 좌사左思라는 사람이 쓴 〈삼도부三都賦〉라는 글의
작품성을 알아보고 그 글에 서문을 써주었는데 이 글 덕분에
〈삼도부〉가 유명해졌다. '낙양지가귀洛陽紙價貴'라는 성어는 이처
럼 사람들이 너도나도 〈삼도부〉를 베끼는 바람에 낙양의 종이
값이 폭등하는 지경에 이르렀다는 이야기에서 유래했다.

진자앙은 당나라의 유명한 시인이다. 어렸을 적에 말 타고 활
쏘기를 좋아했으며, 도박까지 즐겼는데 어느 날 향교에 갔다가
지난날을 뉘우치며 공부를 시작했다고 한다. 소노천은 송나라의
유명한 문장가인 소식蘇軾과 소철蘇轍의 아버지인 소순蘇洵이다.

부자 세 명이 모두 '당송팔대가唐宋八大家(당나라, 송나라의 여덟 대가)'에 이름을 올렸다.

장유가 전하려는 말은 분명하다. 공부를 늦게 시작해도 위에 나열한 세 사람처럼 성공할 수 있다는 것이다. 누군가에 의해 자극을 받든 스스로 무언가를 느끼든 공부를 해야겠다는 의지와 이후의 실천이 중요할 뿐 공부를 시작하는 시기는 크게 중요하지 않다는 뜻으로 이해한다. 특히 위에 거론한 세 사람 중 황보밀의 경우는 풍을 앓아서 반신불수가 되었는데도 책을 놓지 않았다고 한다. 의지만큼 실천을 했다는 말이다.

정작 이런 이야기를 한 장유는 젊은 시절부터 두각을 나타냈다. 자신의 문집인《계곡집谿谷集》에 스스로 밝힌 바에 따르면 장유는 이미 여덟아홉 살 때 아버지에게《시경詩經》과《서경書經》을 배웠는데 열 살 때 이 두 책의 본문을 모두 외웠다고 한다. 열여섯 살에《초사楚辭》와《문선文選》을 읽어 문장에 두각을 나타냈고, 열아홉 살에 한성시漢城試(한성부에서 실시한 과거)에 장원으로 뽑혔으며, 이십 세에 진사進士가 되었고, 이십삼 세에 대과大科(문과를 대과라 하고 무과를 소과라 한다)에 급제했다.

이 정도만 해도 비교적 빠른 것인데 주변 사람들은 '이제야 되었다'고 아쉬워했다고 한다. 타고난 천재성에 노력까지 게을리하지 않은 사람이었다고 하며, 조선을 관통한 학문인 성리학性理

學에도 밝았음은 물론 여러 사상가의 책을 폭넓게 읽었다고 한다. 그런데도 자신은 스스로 낮추며 이렇게 말했다.

나는 총명하지 못했다. 때문에 절구絶句를 지으려고 할 땐 반드시 먼저 남이 쓴 절구를 읽었고 율시律詩를 지으려고 할 땐 반드시 먼저 남이 쓴 율시를 읽었다.

박미朴瀰, 〈계곡선생집서谿谷先生集序〉

그러나 나는 실제로 소박하고 촌스러워서 글 한 편을 완성할 때마다 혹시 남이 헛되이 칭찬하면 천천히 옛사람들과 비교해보고는 시름겨워하며 멍해지지 않은 적이 없었으니, 조금 깊어진 것을 높다고 여기는 것은 내 뜻이 아니다.

장유,《계곡집》〈계곡초고자서谿谷草稿自敍〉

장유 정도 되는 사람이라면 생각이 가는 대로 글을 지어도 된다. 그러나 장유는 자신의 견해가 전부라 생각하지 않았고, 이처럼 자신을 낮추며 남의 생각을 받아들이는 자세를 지닌 사람이었다. 당시의 선비들이 주희朱熹(1130~1200)의 학설을 의심하지 않았지만, 장유는 주자의 설에 완전히 얽매이지 않았다고 한다. 열린 사고를 지니고 있었던 것이다. 이런 사람이었기 때문에 자신과는 다른 사람들의 삶을 존중하는 글을 남기지 않았나 싶다.

시작을 해야 결과를 얻는다

매점 아줌마의 말에 감동을 하고, 반성을 하며, 옛사람의 글을 보며 주위를 환기하고 의지도 불살라보지만, 그래도 무언가 뒷맛이 개운치가 않다. 현실은 생각처럼 낭만적이지 않고, 옛날과 지금은 다르기 때문이다. 더구나 옛날엔 공부를 늦게 시작하든 말든 과거에 합격만 하면 됐지만, 지금은 주어진 시간 내에 시작하고 끝을 봐야 한다. 한두 번 때를 놓치면 크고 작은 일을 이루기 어렵다.

이런 세태 속에서 여전히 성공한 누군가는 '늦었다고 생각할 때가 빠른 때'라고 하면서 격려하거나 노력하라고 종용하기도 한다. 그러나 당장 무언가를 해야 하고 결과를 내야 하는 사람들, 특히 각종 시험을 앞둔 학생들은 이런 말을 하지 않는다. 화살처럼 가는 시간 동안 경쟁해서 이겨야 하는 현실을 살면서 남들보다 늦게 시작하거나 진보가 느리면 아무래도 성공할 가능성은 낮아질 수밖에 없다.

"늦었다고 생각할 때는 진짜 늦은 것이다."

어떤 개그맨이 유행을 시킨 말이다. '늦었다고 생각할 때가 빠른 때'라고 하는 오래된 교훈은 더 이상 쓸모가 없다는 뜻이고, 그만큼 현대인에게는 시간이 많지 않다는 현실을 비유하지 않았는가 싶다. 시간을 들여서 노력해도 어려울 테니 애초에 시작을 하지 말아야 한다는 의미도 담겨 있는 것 같다. 여전히 이 말은 많은 사람의 입에 오르내리고 있다. 사람들마다 저 말을 받아들이는 양이 다를 뿐, 저렇게 말하면서 체념하고 있는 건 분명한 듯하다.

그럼에도 이처럼 누구나 알고 있는 하나 마나 한 이야기를 하는 것은 해보지도 않고 체념하는 것과 하다가 그만두는 것은 결과는 비슷할지 모르지만, 아무것도 하지 않는 것보다는 일단 시작을 하는 것이 낫기 때문이다. 그래야 성공을 하든 실패를 하든 눈에 보이는 결과를 얻는다. 여기까지 생각하면 이미 시작의 빠르고 느림은 크게 문제될 것이 없다.

매점 아줌마는 늦게 시작해서 좋은 결과를 얻었고, 책 속의 옛사람들도 그러했다. 이 사람들이 공부를 시작할 때 좋은 결과를 얻을 것으로 확신했다고 보지 않는다. 어떻게 되든 일단 마음 먹고 시작하고 봤을 것이다. 늦었다고 생각할 때가 빠르다고 의지를 불사르든, 늦었다고 생각할 때는 늦었다고 체념하든 그건 중요하지 않다. 시작하는 게 가장 중요하다.

실력은
생각 속에서 자란다

초보를 가르칠 때에는
추측으로 출발점을 삼아야 한다.
한 가지 일을 겪어서 요점을 터득하면
두어 가지를 미루어보는 것이
천백 가지에 이르게 된다.

최한기

주입하지 않고 생각하게 만든다

나는 한자나 한문을 강의하는 선생으로서 늘 '어떻게 해야 학생들이 내용을 잘 받아들이고, 공부에 흥미를 느끼게 할까?'를 고민하고 있다. 내용을 받아들인 다음엔 기억을 하도록 해야 하는데 이건 또 어떻게 해야 할까? 수업할 내용을 공부해놓는 것도 쉽지 않지만, 사실 이런 걸 생각하는 게 더 어렵다.

여러 선생님이 말하는 방법을 주워듣기도 했지만 나하고는 맞지 않았다. 그분들 방법이 잘못되어서 그런 게 아니라, 그 방법이라는 것이 자기한테 맞춰져 있는 경우가 많기 때문이다. 강의 시작 전에 늘 '어떻게'를 고민하지만 쉽게 답을 찾기 어려웠고, 실은 지금도 뭐가 좋은지 단정하지 못하겠다.

전공이 전공이다 보니 옛사람들의 글에서 길을 찾아보려 했다. 우연찮게 조선 후기 실학자 최한기崔漢綺(1803~1877)의 글을 읽게 됐다.

초보를 가르칠 때에는 추측으로 출발점을 삼아야 한다. 한 가지 일을 겪어서 요점을 터득하면 두어 가지를 미루어보는 것이 천백 가지에 이르게 된다. 그것이 정신과 기운에 쌓이면 저절로 헤아림이 생겨 앞뒤가 증험되고 피차가 발전한다. 공부에 단계가 생기고 공부 과정에 확실한 근거가 생겨서 배우는 사람에게 크고 작은 보탬이 있게 된다. 예전에 한 가지 일을 잘못 오해했다면 오늘 다른 연구를 함으로써 전의 잘못을 깨닫게 된다. 여러 차례 전에 알게 된 것의 착오를 깨달으면, 미루어 보는 것이 점점 정밀해지고, 헤아림도 점점 익숙해진다.

최한기, 《인정》 권11 〈교추측〉

나는 이 글을 '무조건 주입하지 말고, 학생들을 생각하도록 하는 게 좋다'는 뜻으로 이해했다. 생각하는 버릇이 들면 점점 그 생각이 해답에 가까워지고, 무언가를 잘못 알았다 하더라도 다른 방식으로 생각하면서 그 잘못을 바로잡게 된다. 선생은 학생의 생각을 돕고, 선생이 원하는 답을 낼 수 있도록 유도하는 역할을 하면 되겠다는 생각이 들었다.

어찌 보면 당연한 말이고 생각이라 할 수 있다. 그래도 문제는 남는다. 최한기는 '어떻게'에 대한 답까지는 말해주지 않았다. 이럴 땐 어쩔 수 없다. 최한기의 말대로 나도 추측을 해서 해답을 찾고 그 해답대로 하는 수밖에….

위의 글을 쓴 최한기는 조선 후기의 실학자로 알려져 있다. 이 사람은 매우 다양한 분야에 관심을 가졌고, 그만큼 많은 양의 저술을 남겼는데 특히 서양의 과학기술을 받아들이는 데 적극적인 노력을 기울였다고 한다. 지리 방면에도 일가견이 있어 〈대동여지도〉를 만든 김정호金正浩(1804?~1866?)와도 친분이 있었다. 조선 후기의 유명한 저술가인 이규경李圭景(1788~?)과도 친분이 두터웠다고 알려져 있는데, 이규경은 자신의 저서《오주연문장전산고五洲衍文長箋散稿》에 최한기의 집에는 조선에서 구하기 어려운 기서奇書가 많았다고 소개했다.

최한기는 다른 학자들과는 달리 자신의 경험을 중시했다고 전해진다. 위의《인정人政》도 자신의 경험을 바탕으로 이루어진 책이라고 할 수 있다. 위에 소개한 글 한 단락만으로 최한기의 모든 것을 말하기는 어려우나, '한 가지 일을 겪어서 요점을 터득한다'는 말 속에서 이 사람의 생각의 저변에 '경험'이 깔려 있음을 짐작해볼 수 있지 않을까 한다.

슬프다 말하지 않아서 더 슬픈 시

예전에 초등학교 5학년 세 명, 3학년 세 명, 모두 여섯 명을 앞혀놓고 한시漢詩 강의를 한 적이 있다. 아, 젊은 아주머니 한 분도 오셨다.

"원래 제 딸이 신청했는데요. 오늘 못 왔고요. 어떤 수업인가 보고 싶어서 왔는데요. 들어도 될까요?"

그러시라고 하고, 곧바로 강의를 시작했다.

"당나라 맹호연孟浩然(689~740)의 〈봄날 아침에〉라는 시에요. 읽어볼게요."

봄날 잠에 날 새는 줄 몰랐는데, 곳곳에 새소리 들리네.
간밤에 비바람 소리 들렸는데, 꽃은 얼마나 떨어졌을까.

다 읽고 내가 물었다.

"이 시 어때요?"

"좋아요."

"뭐가, 왜 좋아요?"

"봄 기분이 들어서요."

"하하, 좋아요. 또 다른 사람."

3학년 여학생이 손을 번쩍 든다.

"흠, 원래 시는요, 말을 빙빙 돌리잖아요. 그런데 이 시는 이해하기 쉬워서 좋아요."

후대 비평가들은 이 시의 장점으로 '말이 쉽다'는 점을 꼽는다. 그래, 하나 잡아냈구나.

"맞아요. 이해하기 쉬워요. 그런데 그것만으로 좋을까요?"

"…"

"하하, 다 같이 다시 소리 내서 한번 읽어봐요. 읽으면서 생각을 해봐요."

소리 내서 읽는다.

"자, 읽어보니깐 어때요?"

아이들은 잠깐 생각하더니 말을 시작한다.

"시에 새소리, 비바람 소리가 나오잖아요. 소리를 이용해서 좋은 건가요?"

"아주 좋네요. 그것도 좋은 답이 될 수 있어요."

이번에는 조선의 시인 이달李達(1539~1612)의 〈무덤에 제사 지내고〉를 함께 읽었다. 임진왜란의 아픔을 읊은 시다. 학생들한테는 배경을 이야기해주지 않고 우선 함께 읽었다.

흰둥이 앞서가고 누렁이 뒤따르는, 들밭 풀 사이 무덤이 즐비하다.
제사 마친 할아버지는 저물녘 들판 길을, 손자의 부축 받아 술에
취해 돌아가네.

"이 시는 아까 것보다 좀 어렵죠? 무겁게 느껴지기도 할 거고요. 무슨 소리인지 속뜻을 알기도 어렵죠? 우선 이 상황을 머릿속에 그려보세요."

잠시 후에 아이들에게 물었다.

"자, 어떤 느낌이 들어요?"

이번에는 아이들이 주춤주춤 대답을 하지 못한다.

"하하, 어려운 거 아니니까 느낌만 말해봐요."

"슬퍼요."

"왜 슬퍼요?"

"제사 지내는 거니까 슬프죠."

"하하, 제사 지내는 게 왜 슬퍼요? 그냥 제사 지내는 건데?"

"사람이 죽은 거잖아요. 그러니 슬프죠."

"그래요. 좋아요. 그럼 죽은 사람은 누구일까요?"

"흠, 할아버지의 아들, 아니면 딸?"

"좋아요. 그럼 손자한테는 뭐겠어요?"

"아! 그래서 손자를 등장시킨 거구나."

"하하, 맞아요. 할아버지하고 손자만 있잖아요. 그게 핵심이에요."

"아, 그렇게 생각하니까 참 슬프구나."

"슬프죠. 그럼 여기에서 슬픔을 더 깊게 해주는 게 있어요. 그게 뭘까요?"

"그게 시 안에 들어 있어요?"

"들어 있죠. 다시 읽어 볼까요?"

다시 읽더니 한 학생이 급히 말을 한다.

"아! '저물녘'이네요."

"그래요? 저물녘인데 왜 슬퍼요?"

"해가 질 때까지 무덤에 있었다는 거잖아요. 집에 안 가고…."

"하하, 그러네요? 두 사람은 무덤에 오래 머물렀어요. 그 시간까지 다 들어 있는 겁니다. 마지막 질문 드릴게요. 다시 처음으로 돌아갈게요. 이 시가 슬프다고 했잖아요? 왜 슬픈 거 같아요?"

"잘 모르겠는데요."

"힌트 하나 드릴게요. 여러분이 지금 시를 쓴다고 생각해봐요. '교실이 조용하다'는 말을 어떻게 쓸래요?"

"시계 똑딱 거리는 소리만 들린다."

"좋아요. 다른 사람."

"종이에 연필 가는 소리만 들린다."

"그렇죠. 그럼 답이 나왔네요. 이제 이 시가 왜 슬픈지 말해봐요."

"아! 슬프다는 말을 하지 않았기 때문에?"

"아주 좋은 대답이네요. 슬프다는 말을 하지 않고 그림을 보여주는 것만으로 독자한테 슬픈 마음이 들게 만든 겁니다."

스스로 생각하게 하세요

이렇게 아이들과 두 시간을 함께했다. 다행히 아이들이 즐거워했다. 수업이 끝나자 아까 들어와 있던 아주머니가 나한테 와서 한마디 한다.

"어떻게 3학년이 저런 말을 할 수가 있어요?"

"그렇죠? 저도 신기하네요. 그런데 조금만 도와주면 누구나 저런 말을 할걸요, 아마?"

"어떻게 가르쳐야 할까요?"

"가르치려 하지 마시고, 아이 스스로 생각하도록 이끄는 게 더 좋을 것 같습니다."

사실 말은 저렇게 했는데, 나도 잘 되진 않는다. 욕심이 생겨서 빨리 외라고 학생을 닦달할 때도 있다. 일일이 다 이해시키는 게 힘이 들어서 일방적으로 설명할 때도 있다. 그럴 때마다 최한기의 글을 떠올리면서 마음을 잡는다.

당대의 유명한 학자들과 어깨를 나란히 했고, 스무 종 넘는 저서를 낸 박학다식한 사람인데 특이하게도 최한기의 일생에 대해서 전해지는 이야기가 거의 없어서 이 사람의 저서를 통해 사상의 흐름을 엿볼 수 있을 뿐이다. 이 사람의 구체적인 공부 방법을 알 수 없다는 점이 조금은 아쉽지만, 남긴 글을 읽고 있으면 고개를 끄덕이게 되는 점이 적지 않고, 최한기의 말이 실제로 아이들을 가르칠 때 맞아떨어지는 것을 확인하기도 한다.

물론 최한기의 말은 옳지만, 내 방식은 옳지 않을 수 있다는 것을 안다. 과목마다 특성이 있으므로 그에 맞는 방법이 있을 것으로 짐작한다. 다만 학생을 가르칠 때 일방적으로 강의하는 것보다는 이렇게 서로 말을 주고받는 것도 나름의 효과가 있다는 생각이 든다.

"초보를 가르칠 땐 추측을 출발점으로 삼아야 한다."

이 말에서 '초보' 딱지를 떼고 '학생'이라는 말을 넣어도 무방하겠다. 실력은 생각 속에서 자란다.

아이의 공부는
아이의 것

밤낮으로 가르쳐 중도에
포기하게 해서는 안 된다.
다만 그 성취가 많은가 적은가 하는 것은
자제에게 달려 있는 문제일 뿐,
부형에게 달려 있지 않다.

최한기

멀리 보고 가르쳐주세요

셋째 아이는 네 자매 중에 가장 밝은 성격을 지니고 있다. 다른 사람 배려도 잘하는 편인 것 같다. 언니들 말을 들어 보니 아이 교우관계가 매우 좋다고 한다. 아닌 게 아니라 집에서 하는 행동을 봐도 그렇다. 온 식구를 시야에 넣고 있으면서 잘 맞춰준다. 여행을 다녀오면 꼭 식구 모두에게 줄 작은 선물을 챙겨온다.

그러나 사람이 다 가질 수는 없는 법이다. 아이는 수학을 어려워한다. 또래보다 습득이 늦다. 아이 스스로도 답답해한다. 열심히 하는데 잘되지 않으니까 그럴 테지. 이런 아이를 보며 아내는 한숨을 쉬지만, 나는 괜찮다고 한다.

조금 느린 건 사실이지만, 꾀를 부리지 않고 핑계를 대지 않으며 남 탓도 하지 않는다. 자신이 생각하는 만큼 큰 성과를 얻을 수 없을지는 모르겠지만, 저런 태도를 지니고 있으면 분명히 성취가 있을 것으로 믿는다.

어느 날인가 우연히 아이 수학 학원 선생님한테서 온 전화를 내가 받았다. 아내 전화기로 연락이 왔는데, 이때 아내는 집 전화로 다른 사람과 통화를 하고 있었다. 전화기 너머 들리는 남자 선생님 목소리에 힘이 없었다.

"아, 선생님이세요? 저 하진이 아빠입니다."

"네. 아버님. 이번에 하진이 수학 성적 때문에 전화 드렸습니다."

"아, 예. 저도 성적 봤습니다. 성적 낮은 거 알고 있습니다."

"죄송합니다. 아버님."

"하하, 선생님이 왜 죄송하세요? 선생님은 열심히 가르쳤는데 아이가 못 따라간 것도 있으니, 그건 선생님 잘못만은 아니라고 생각해요. 선생님은 학원에 계시니 또 그렇게 생각하실 수 있겠는데요. 너무 자책하지 마십시오. 괜찮습니다."

"죄송합니다. 드릴 말씀이…. 더 잘 가르치겠습니다."

"아닙니다. 그런 마음을 갖고 계시면 부담이 돼서 선생님도 힘들고 하진이도 힘들 것 같습니다. 가르쳐보시니 하진이가 조금 느리죠?"

"예, 조금…."

"선생님께서는 그래도 성적을 올려야 하니 열심히 가르쳤을 거고, 하진이도 의욕은 있는데 따라가지 못한 것 같습니다. 더 몰아치면 아이가 포기할 수 있으니, 선생님께서 조금 참아주시고, 차근차근 가르쳐주시면 고맙겠습니다. 따끔하게 뭐라고 해야 할 때는 또 그렇게 해주시면 좋겠고요. 아무래도 아이는 부모보다 선생님을 더 따르잖아요."

"예."

"제 말씀만 드려서 죄송합니다. 하진이가 포기를 하는 아이는 아니니 조금 신경 써주십시오. 성적은 낮아도 괜찮습니다. 선생님 믿고 보냈으니 앞으로도 믿겠습니다. 멀리 보고 가르쳐주십시오. 저도 하진이한테 한마디 해놓겠습니다."

"예. 아버님. 감사합니다. 열심히 하겠습니다."

"아닙니다. 밤늦게 전화하신 것 보니 마음을 많이 쓰신 것 같은데 마음 놓으시고 편히 쉬세요."

"예. 아버님. 안녕히 계셔요. 고맙습니다."

선생님을 탓하지 않은 까닭

둘 모두 열심히 했는데 결과가 좋지 않으니 전화를 하셨을 것이다. 그렇지 않아도 낮에 아이 표정을 보니 어두워서 대강 짐작은 하고 있었다. 사람을 가르치려면 우선 그 사람이 어떤 사람인가를 헤아려봐야 한다. 이 '어떤 사람'이라는 말 속에는 여러 가지 의미가 들어 있다. 성격, 지적 수준, 공부를 대하는 태도 등이 그것이다.

내가 잘못 봤을 가능성도 있겠지만, 셋째 아이는 끈기가 있고 성실하다. 반면에 번쩍번쩍하는 기민함을 지닌 아이는 아니라고 보고 있다. 기민해지도록 가르칠 수도 있겠지만 강제로 그렇게 하고 싶지 않고, 안 되는 걸 갖고 되게 하라고 몰아치면 원래 가지고 있던 성실함도 잃어버릴 염려가 있을 것으로 봐서 뭐라고 하지 않았다. '어차피 해야 하는 것이니 결과 생각하지 말고 잡고 있으라', '모르는 게 있으면 선생님께 질문을 해라. 모르는 건 잘못이 아니다'라고 말해주었다. 셋째는 이렇게 천천히 가르쳐야 한다고 생각했다.

이렇게 생각하게 된 이유는 최한기의 글을 늘 염두에 두고 있었기 때문이다. 19세기 조선의 실학자면서 교육을 중시했고, 여타의 학자들과는 달리 교육만을 주제로 삼은 저술을 남긴 최한기는 이렇게 말했다.

> 사람을 헤아렸을 때 그에게 조급함이 있거나 어리석음이 있으면, 고요함을 지키며 근신에 힘쓰고 실천하게 한 뒤에 점차 높은 단계의 공부로 나아가게 해야 한다. 사람 가르치는 방법은 먼저 그가 어떤 사람인지 헤아린 뒤에 가르쳐야 하는 것이다. 그를 모두 헤아리면 가르침을 행하기 쉽고, 헤아림이 알맞지 못하면 가르침이 수고롭기만 해서 효과를 얻기 어렵기 때문이다.
>
> 최한기, 《인정》 권13, 〈측지후교測之後敎〉

최한기는 이 글에서 먼저 배우는 사람의 성향을 파악하고, 그에 맞춰서 마음가짐을 바로잡으며 쉬운 것부터 조금씩 가르쳐야 한다고 주장한다. 학년과 그에 따르는 학습 양과 수준이 정해져 있는 요즘에 곧바로 적용하기에는 어렵겠지만, 조금만 달리 생각해보면 이 말 외에 다른 방법이 거의 없다고 해도 과언이 아닐 것이다. 배울 준비가 되어 있지 않거나, 습득 속도가 느린 학생한테 무작정 집중하고 따라오라고 할 수는 없는 일이다.

학원에선 성적을 올려주겠다고 큰소리를 치면서 수강생을 모집했으므로, 목표를 달성하지 못한 학원 선생님을 탓할 수도 있겠지만, 그렇게 하지 않았다. 이미 결과는 나와 버린 데다 그 결과를 두고 죄송하다고 하는 사람한테 뭐라고 할 것인가.

낮은 성적은 문제가 될 게 없다. 선생님이 방법을 찾고, 아이가 잘 따르면 성적은 올라간다. 선생님도 아이를 나처럼 헤아린 것 같은데, 왜 그에 대해서는 말씀하지 않으셨을까. 이 점이 조금 아쉬웠다. 이해는 한다. 선생님이 선뜻 말을 꺼내기가 쉽지는 않았을 것이다. 내 생각을 전한 것으로 만족했다. 아울러 선생님을 탓하지 않은 또 하나의 이유가 있다.

부형이 자제에게 배움을 권하는 내용은 어릴 적에는 사람을 응대하고, 나가고 물러나는 일, 부모를 사랑하고 어른을 공경하는 일, 문자와 옛 글을 외고 익히는 일인데, 밤낮으로 가르쳐 중도에 포기하게 해서는 안 된다. 다만 그 성취가 많은가 적은가 하는 것은 자제에 게 달려 있는 문제일 뿐, 부형에게 달려 있지 않다.

최한기, 《인정》 권11, 〈부형권면父兄勸勉〉

아이가 공부를 잘하느냐 못 하느냐 하는 것, 결과를 내느냐 내지 못하느냐 하는 것은 부모인 내 소관이 아니다. 그건 자식한 테 달려 있는 문제라고 생각한다. 그럼 부모는 가만히 있으면서 아무 일도 하지 않으면 되는가? 그렇지 않다. 북돋아주고, 때로 는 야단을 치기도 하면서 포기하지 않도록 도와야 한다.

느려도 괜찮아

다음날 낮에 큰아이하고 점심을 먹으면서 이 이야기를 했다. 아이가 한참 듣더니 이런다.

"하진이가 지금은 저래도 나중에 공부 잘하게 될걸, 아마."

"왜 그렇게 생각하는데?"

"걔는 못해도 포기를 안 해. 끝까지 물고 늘어져. 몰라도 앉아서 버티거든. 끈기가 있어. 게임 같은 거 하는 거 봐도 성격이 나와."

"그게 뭔 소리야?"

"게임 하나를 해도 꾸준히 오래해. 거기에 빠져 가지고 하는 게 아니라 조금씩 꾸준히 해서 늘 탑을 찍어."

"아빠가 제대로 보고 있는 셈인가?"

"그런 거 같은데?"

그날 저녁, 셋째 아이한테 학원 선생님과 통화했던 이야기를 해줬다. 표정이 살짝 굳어진다.

"하진아, 성적 안 올라도 되니까 포기는 하면 안 돼."

고개를 끄덕인다. 얼마 동안 조용히 있더니 다시 웃고 떠든다. 나한테 말하지 못하는 자신만의 고민이 있겠지. 그래도 아이는 이렇게 털어버린다. 공부하라고 말하지 않아도 늦게까지 책상에 앉아 있다.

책상에 앉아 있는 모습을 보니 어릴 적 우리 누나 생각이 났다. 누나가 꼭 셋째 같았다. 셋째처럼 오랜 시간 책상에 앉아 있고, 수학 성적이 낮았다. 그랬는데 정말 열심히 노력해서 대입 시험에서 수학 과목 만점을 받았다. 언젠가 이 이야기를 해주리라 마음먹고 있었는데 어느 날 누나가 우리 집에 왔다가 책상에 앉아 있는 아이한테 말을 걸었다.

"하진아, 수학 어렵지?"

아이는 고모의 말을 듣더니 고개를 숙이며 눈물을 글썽거렸다.

"네."

이 말을 들은 누나가 부드럽게 말했다.

"그래. 어려울 거야. 열심히 해도 안 되는데, 진도는 막 나가지, 성적은 잘 받고 싶지. 고모도 그랬어. 이 답답한 마음은 안 겪어 본 사람은 몰라. 고모가 네 마음 안다."

"…."

"그래도 너 참 대단한 거야. 포기하지 않고 앉아 있잖아. 고모도 그랬어. 하진이 너처럼 수학 잘 못했는데 앉아서 열심히 하다 보니까 만점도 받더라. 그러니까 포기하면 안 돼, 알았지?"

"네."

누나가 한숨을 쉬면서 웃는다.

"지금 당장 성적이 안 나와서 괴로운데 내 말이 무슨 도움이 되겠나. 남의 일 같을 거고… 그래도 하진아, 느려도 괜찮으니까 열심히 해."

"…."

이런 말을 들어도 잘 와닿지 않을 것이다. 그럼에도 나는 아이한테 옛사람 이야기를 해주고 싶다. 역사 속에서 느리고 둔한데 착실히 공부하여 이후에 성공한 사람이 적지 않다. 그들 중에서도 공자孔子(기원전 551~기원전 479)의 제자로서 후대의 유학자들에게 공자의 학맥을 이은 사람으로 평가받는 증자曾子(기원전 505~기원전 435)를 대표적으로 꼽을 수 있다.

증자는 공자가 '노둔하다'고 평가할 만큼 총명하지 못했다. 거기에 행동이 굼뜨고 말투까지 어눌해서 사람들이 크게 주목하지 않았다. 그런데도 끝내 후대의 학자들이나 일반인들에게까지 추앙받게 된 이유가 있다. 중국 송나라의 학자인 주희와 여조겸呂祖謙(1137~1181)이 앞선 북송北宋 시기의 학자인 주돈이周敦頤(1017~1073), 정호程顥(1032~1085), 정이程頤(1033~1107) 장재張栻(1020~1077)의 책에서 훌륭한 말을 가려 뽑아 편찬한《근사록近思錄》에 이런 말이 나온다.

> 정호가 말했다. "증삼曾參(증자의 이름)은 마침내 노둔함으로써 도道를 얻었다." 또 말했다. "증자의 학문은 성실함과 독실함뿐이었다. 공자 문하의 학자 중에 총명하고 재주 있으며 말을 잘하는 사람들이 많지 않았던 것은 아니지만 끝내 공자의 도를 전한 건 바로 순박하고 노둔한 사람이었다. 그러므로 학문은 성실함을 귀하게 여기는 것이다."
>
> 《근사록》 권2, 〈위학爲學〉

옛사람의 글을 보면서 누나의 말에 더욱 고개를 끄덕이게 된다. 그래, 조금 느리면 어떻고, 총명하지 못하면 어떤가. 지금 성실하게 공부하고 있다는 사실이 중요하지 않을까 한다. 그렇게 가다보면 좋은 결과가 있을 것이라고 믿는다.

자네는 그 울음소리를
고치는 것이 옳네.
울음소리를 고치지 않으면
동쪽으로 가더라도 여전히 그곳 사람들도
자네의 울음소리를 싫어할 거야.

《설원》

힘들면 힘들다고 해야 돼

자식 교육에 마음을 쓰는 분들이 늘 하는 말이 있다. 맹자의 어머니가 자식이 좋은 환경에서 공부할 수 있도록 세 번 이사를 했다는 '맹모삼천'이 바로 그 말이다. 요즘엔 이 말이 자식을 좋은 학교에 보내기 위해서 이사를 한다는 뜻으로 변했지만, 어찌됐건 자식을 좋은 환경에서 기르고 싶은 그 마음엔 변함이 없지 않을까 한다.

나는 남들이 말하는 좋은 동네에 살면서 아이를 키우고 있다. 맹모삼천을 실행에 옮긴 셈이다. 이래서 늘 어렵게 사는 분들께 송구하고 감사하는 마음을 지니고 산다. 이 사회에 엄연히 현실로 존재하고 있는 빈부와 그에 따르는 불평등을 개선하려고 적극적인 노력을 기울이지 못하고 있는 개인의 한계도 절감하며 산다. 이런 현실을 극복하고자 하는 분들께도 송구하고 감사하다. 이렇게 말이나마 한마디 하지 않을 수 없다. 이래서 내 글에 한계가 있다는 사실을 알고 몹시 부끄러워하며 한 줄 한 줄 쓰고 있다.

지금은 고등학교에 다니는 셋째 아이가 중학교 다닐 때의 일이다. 수학 학원에서 아이들의 자리 배치를 성적순으로 했나 보다. 집에 와서는 풀 죽은 표정으로 나한테 말을 꺼냈다.

"아빠, 여기보다 좀 덜 힘든 동네로 이사 가면 안 돼?"

"하진아, 이 동네로 이사를 온 건, 너희들을 공부시켜서 좋은 대학 보내려고 했기 때문이 아니야. 너도 알다시피 이 안에서 초·중·고등학교를 안전하게 보낼 수 있겠다 싶어서였어. 너도 그건 알지?"

"응."

"그런데 이게 한 가지가 좋으면 한 가지는 안 좋은 거라고, 덕분에 공부 많이 시키는 동네로 와버려서 네가 힘들어하는 것 같네."

아이는 이 말을 듣자 말없이 눈물을 뚝뚝 떨어트린다. 참 마음이 아팠다.

"학원 자리 배치 때문에 속상한 거야?"

"아니."

"그럼?"

"공부가 전반적으로 다 어려워."

"그래. 네 생각 잘 알았어. 그런데 우선 올해만 잘 버텨보자. 너 힘든 거 생각하면 당장 어디로 가야 되기는 한데, 엄마 아빠도 이것저것 생각할 게 많잖아. 집 계약이 끝나야 움직일 수 있고, 언니 둘은 고등학교만 마치면 되니깐 너 고등학교 가기 전에, 덜 힘든 곳으로 이사하는 거 깊이 생각해볼게."

"…"

"하진아, 혹시 너 다른 데로 가고 싶다는 마음을 먹는 게, 힘들어서 포기하는 거라는 생각이 들어? 남들은 다 버티는데 너만 약한 거 아닌가 하는 생각이 들어?"

"…"

"너 오늘 힘들다고 말 잘한 거야. 힘들면 힘들다고 해야 되는 거야. 아빠는 네가 포기했다고 생각 안 해. 약하다는 생각도 안 하고. 혹시 그런 마음 갖고 있으면 신경 쓰지 말고 버려도 돼. 너하고 남은 그저 다른 사람일 뿐이거든. 남하고 상관없이 네 생각대로 살면 되는 거야."

"응."

당장 풀이 죽어 있는 아이한테 이야기를 해본들 무슨 소용이 있겠는가마는 아이의 마음을 조금이라도 풀어주고 싶은 마음이 들었다.

"하진아, 세상엔 공부하고 안 맞는 사람이 많아. 아빠도 그래. 그래서 아빠가 네 나이 땐 공부를 포기했어. 너는 그래도 열심히 하면서 힘들다고 하잖아. 아빠보다 낫다. 근데 하진아, 아빠나 너나 처지가 비슷하다는 거 알아?"

"응? 그게 뭔 소리야?"

"네 주위에 너보다 공부 잘하는 사람 많잖아. 그치?"

"그렇지."

"마찬가지로 아빠 주변에도 아빠보다 한문 잘하고 글 잘 쓰는 사람이 넘쳐. 그런 사람들에 비하면 아빠는 수준이 높다고 할 수 없지."

"아, 그렇기도 하겠네."

"그러니까 아빠도 너처럼 울고 싶을 때가 많아. 그런데 울지 않는 건, 그 사람들은 그만큼 하면 되고, 아빠는 아빠만큼 하면 된다고 생각해서 그래. 솔직히 고수들 보면 아빠도 기가 죽고, 나는 왜 저렇게 못할까 하는 생각이 들어. 마음을 정리했으면서도 저런 생각이 불쑥불쑥 일어나."

"진짜로 그래?"

"그럼. 티를 안 내서 그렇지 너하고 느끼는 건 비슷할걸, 아마. 그래도 이렇게 사는 건, 내가 그 사람들만큼 못하는 게 '인생의 실패'는 아니라고 생각해서 그래. 남들만큼 한문 못하고 글 못 쓰는 걸 두고 아빠 인생이 실패한 거라고 할 수 있어?"

"아니지. 그건."

"그래. 그렇잖아. 그 사람들은 그 사람들이고 아빠는 아빠야. 세상에 일등만 사냐? 이등부터 꼴찌까지 섞여서 사는 거잖아. 마찬가지야. 너보다 공부 잘하는 아이가 있다고 해서 주눅들 필요 없어. 네가 당장 남들만큼 성적 안 나오는 게 인생의 실패야?"

"아니."

"아빠 말 들으니까 열다섯 먹은 너나, 마흔일곱 먹은 아빠나 비슷하다는 거 알겠냐?"

"하하하! 응."

"그렇다고 해서 너도 아빠처럼 버티라는 건 아냐. 부담은 줄이면서 기다려 달라고 하는 거야. 네 부담을 줄일 방법을 생각해볼 테니까 최소한 남들보다 못하다는 거 갖고 주눅 들지는 마라. 너는 너야."

결국 이런저런 사정이 겹쳐서 이사를 하지 못했고, 아이는 이 동네에서 고생하며 고등학교에 다니고 있다. 다행스럽게도 아이는 성정이 밝고 성실하며 속이 깊어 집안 사정을 이해해줬다. 늦은 밤까지 책상에 앉아서 공부를 하고 있다. 그러나 여전히 공부 때문에 힘들어 한다. 마음이 아프다.

비둘기처럼 생각하는 올빼미가 되어야

아마 아이도 크면서 이런저런 생각을 했을 것이다. 그러니 이후에 다른 말을 하지 않고 어떻게든 잘해보려고 노력했을 것으로 짐작한다. 이제 아이도 많이 컸으니 이 이야기를 들려줘도 될 것 같다. 중국 한나라 유향이 편찬한 설화집《설원說苑》에 나오는 일화다.

올빼미가 비둘기를 만났다. 비둘기가 말했다.

"자네는 어디로 가려 하는가?"

"동쪽으로 옮겨 가려고 하네."

"무엇 때문에?"

"마을 사람들이 모두 내 울음소리를 싫어해서, 이 때문에 동쪽으로 가려는 거지."

"자네는 그 울음소리를 고치는 것이 옳네. 울음소리를 고치지 않으면 동쪽으로 가더라도 여전히 그곳 사람들도 자네의 울음소리를 싫어할 거야."

《설원》〈담총談叢〉

내가 변하지 않으면 어딜 가더라도 힘들 것이고, 내 삶이 좋은 방향으로 가기 어렵다는 말이다. 셋째 아이는 이 올빼미처럼 남들이 싫어하는 짓을 한 것은 아니지만, 이곳에서 버티기 힘이 드니 떠나려고 했다. 그 마음을 충분히 이해하면서도 덜 힘든 곳으로 데려가지 못해 마음이 아프지만, 지금 있는 자리에서 더 나아지겠노라 마음 먹어주기를 바란다.

이런 말을 하고 있으니 나도 예전에 아이와 비슷한 생각을 했던 기억이 난다. 나는 초등학교 5학년 때 경북 영주에서 서울로 전학을 왔다. 그때는 지금처럼 지방과 서울의 학력 격차가 아주 많이 벌어지진 않았지만, 그래도 서울이 조금 앞섰던 것으로 기억한다.

전학을 온 첫 학기에 성적이 꽤 떨어졌다. 영주에선 상위권 성적을 받았는데, 이곳에선 상위권의 끄트머리까지 내려갔다. 선생님께선 잘했다고 칭찬을 하셨지만, 어린 나는 당황했고, 겁을 먹었다. 더 밑으로 내려가진 않았지만, 끝내 예전 성적을 회복하지 못했다. 서울에 이사 온 지 3년 정도가 지나서야 겨우 적응이 되었다. 이후 고등학교에 들어가선 공부를 열심히 하지 않아서 성적이 바닥으로 내려갔지만….

회복되기까지 3년 동안 무척 힘들었다. 셋째 아이처럼 '다시 영주로 내려가면 안 되나?' 하는 생각을 했고, 어머니께 혹시 그럴 생각이 있느냐며 은근히 묻기도 했다. 당연히 그럴 수가 없었다. 이때 누나의 도움을 많이 받았다. 누나도 나처럼 힘겹게 학교생활을 하고 있었다. 누나는 영주에 있을 때 전교 상위권에 속해 있었지만, 전학을 온 뒤에 나처럼 성적이 떨어졌다. 그러나 누나는 나와는 달랐다. 오랜 시간 책상에 앉아 열심히 공부하면서 힘들다는 말을 한마디도 하지 않았으며, 의기소침해 있는 나를 격려해주었고, 시험 공부를 도와주었다. 누나의 노력과 도움 덕분에 서울에서 잘살 수 있었다고 생각한다.

누나나 나처럼 아이도 지금 있는 이곳에서 잘 버텨주었으면 좋겠다. 다만, 힘이 들땐 언제라도 힘들다고 말해야 한다. 힘들다고 말을 해야 그 소리를 듣는 비둘기가 나타나는 법이다. 힘들더라도 내가 있는 자리에서 내가 할 수 있는 일을 하다보면 언젠가 오늘을 돌이켜보며 웃을 날이 온다.

가고 있다는 사실이 중요하다

좋은 말은 한 번 뛰면
열 걸음을 넘지 못하지만,
노둔한 말이 열흘을 달렸을 때
공을 세울 수 있는 것은
멈추지 않는 데에 그 이유가 있다.

순자

결과에 집착하지 않아도 되는 이유

고등학교에 다니는 둘째 아이는 작년에 수능시험을 치렀다. 나는 아이가 반드시 명문이라 불리는 학교에 가지 않아도 된다고 생각하고, 그렇게 말해왔지만 당사자는 어떻게 생각할지 모르겠다. 겉으로는 학교 이름에 크게 마음을 쓰고 있지는 않은 것 같지만, 그래도 이왕이면 유명한 학교에 진학하고 싶어 하지 않을까 짐작한다. 그만큼 시험에 대한 부담감도 클 것이고…. 2019년 4월에는 확실히 그래 보였다.

저녁 시간에 우연히 둘이서만 앉아 있게 됐다. 아이가 불쑥 한마디를 꺼냈다.

"벌써 4월이야. 시간이 가는 게 두려워."

"그렇겠지. 시간은 가는데 마음대로 되는 건 없고, 게다가 끝이 정해져 있으니까."

"맞아."

"아빠도 그래. 할 일이 있는데 자꾸 밀리기만 하고, 시간은 속절없이 가니까 급해지고 초초해지네. 그래도 네가 아빠보다 더 힘들거야."

"왜?"

"너는 단 한 번에 결과물을 내야 하는 처지고, 너한테나 남한테도 내세울 만한 성과를 내야 한다고 생각을 하니 더 힘들지 않나? 안 그래?"

"후우, 그렇지."

"아빠가 부담 갖지 마라 한다고 해서 네가 쉽게 떨치기도 어렵겠지. 그저 너한테 한 가지 부탁할 게 있어."

"뭔데 그게?"

"너 자신한테 만족하는 결과를 얻든 그렇지 못하든 그건 전적으로 너한테 달린 문제잖아. 그러니까 네가 알아서 해결해야 되는 거라고 봐. 그런데 혹시 남의 눈에 보이는 결과 때문에 신경을 쓰고 있다면 굳이 그럴 필요가 없다는 거야. 아빠는 네가 잘하든 못하든 다 만족할 거라는 말이야."

"알았어. 하하."

"너 밤 늦게까지 독서실 다니잖아."

"응."

"어떤 날엔 공부가 잘되고, 어떤 날은 시간만 때우기도 하고, 또 어떤 날은 집중이 됐다가 안 되기도 하고 그렇지?"

"그렇지. 사람들 다 그렇지 않나?"

"그래. 그런데 대부분 독서실에서 집중해야 한다고 하잖아. 그게 맞는 말이긴 한데, 그러려고 일부러 애쓰면 더 힘들어. 어느 날은 공상도 하고, 공부도 하고, 딴 짓도 하고 그러는 게 정상이야."

"하하하. 고마워."

"만날 집중만 하면 그게 기계지 사람이냐? 하하."

"킥킥킥, 맞아."

"공부가 잘 늘지 않으니 힘들지?"

"응. 아무래도."

"결과를 생각하니까 더 힘들 거야. 사람마다 잘하는 건 각자 다른 거니까 할 만큼만 해. 그래도 공부하면서 한 개 한 개 알아가는 재미는 느끼지?"

"응. 그건 재미있지."

"그래. 그럼 되는 거야. 시험이 걸려 있지만, 그렇게 알아가다 보면 결과가 나올 거니까 너무 염려하지 마. 너 지금 독서실 다니는 거만 해도 잘 하고 있는 거야. 어쨌든 하고 있잖아."

"알았어."

"아빠가 이런 말을 한다고 해서 네 부담감이 확 줄어들지는 않겠지. 그래도 조금이라도 편해졌으면 좋겠네."

"응. 고마워."

자식의 성장을 보며 느끼는 즐거움

시간이 가는 게 두렵다는 말이 참 아프게 다가왔다. 저 두려움의 근원을 없애려면 한국 사회에 깊게 뿌리 내린 학벌주의를 부숴야 하는데, 이게 말처럼 간단하지 않다. 아이에게 잠시의 편안함을 주었을 수는 있겠지만, 마음속 깊은 곳에 자리 잡고 있는 근심은 해결해주지 못했다. 그저 아이가 조금이라도 힘을 얻고, 그 힘으로 하루를 보내고, 그렇게 나이가 들면서 조금씩 단단해지기를 바랄 뿐이었다.

이즈음에서 나와 아이한테 동시에 읽어주고 싶은 글이 있었다. 교육을 중시했던 중국 전국시대 말기의 사상가 순자荀子(기원전 298?~기원전 238?)는 이렇게 말했다.

그러므로 반 걸음 한 걸음씩 쌓아가지 않으면 천리 먼 곳까지 이를 수 없고, 작은 시내를 쌓아가지 않으면 강과 바다를 이룰 수 없다. 좋은 말은 한 번 뛰면 열 걸음을 넘지 못하지만, 노둔한 말이 열흘을 달렸을 때 공을 세울 수 있는 것은 멈추지 않는 데에 그 이유가 있다. 어떤 것을 새기다가 그만두면 썩은 나무도 쪼갤 수 없고, 그만두지 않으면 쇠나 돌에도 새길 수 있다. 《순자》〈권학勸學〉

얼마 후에 겪게 될 시험은 아이 인생의 한 과정이고, 그 시험을 준비하기 위해 보내는 이 시간 역시 하나의 과정이라고 생각한다. 아울러 내가 '결과에 집착하지 마라'고 한 것은 기껏해야 평범한 아빠의 생각일 뿐이지만, 이런 생각을 하는 사람들이 많아지면 요원해 보이기는 하되, 한국의 학벌주의가 엷어질 날이 오지 않을까 한다. 이런 면에서 나 역시 내 인생의 한 과정을 겪어 가고 있다는 생각이 든다.

그 결과가 어찌 되든 오늘을 겪어야 내일이 온다. 그러하기에 아이 걱정은 하지 않는다. 가는 시간에 두려움을 느낄 만큼 잘하고 있기 때문이다. 걱정하지 않는 다른 이유도 있다. 내가 말했다.

"맞는 말인지 확신은 없다만, '그 사람을 알려면 그 사람의 친구를 보라'는 말이 있잖아."

"응. 알지."

"너하고 친하게 지내는 예진이하고 은상이를 보니까 참 좋더라. 예진이는 활달하고, 은상이는 너그러운 거 같더라. 그런 친구들이 있으니까 네 걱정이 안 돼."

"어? 맞아. 내가 친구는 정말 잘 둔 거 같아."

"아마 걔들하고는 나이 들어도 계속 만나게 될 거다. 너는 성격이 예민한 구석이 있는데 좋은 친구들 만나면서 잘 해결하고 있는 거 같기도 하고…."

"중학교 다닐 땐 폭발도 하고 신경질도 내고 그랬는데 이젠 안 그래. 그러니까 주변 사람한테 피해가 가고, 나도 힘들더라고. 그래서 요즘엔 화나는 일 있어도 그냥 가만히 있어."

"아, 그래도 너무 속으로 삭여도 안 좋을 텐데…"

"시간이 지나면 자연스럽게 잊게 돼. 예전엔 그 자연스러운 게 안 됐어."

"네가 그런 과정을 겪었으니까 좋은 친구들도 만난 거구만. 하하."

"하하. 그건 아니고. 걔들이 다들 좋아."

아이한테 또 순자의 글을 읽어주고 싶다.

땔나무가 일렬로 놓여 있더라도 불은 마른 쪽으로 타들어가고, 지면이 고르더라도 물은 젖은 쪽으로 흐른다. 초목은 한 곳에서 자라고, 새나 짐승은 무리를 지어 사니 만물은 각각 같은 부류끼리 따르는 것이다. 《순자》〈권학〉

셋의 성정은 조금씩 다르지만, 비슷한 면이 있기 때문에 친한 것이다. 자기 할 일 열심히 하는 것도 좋은 일인데, 거기에 좋은 친구까지 둔 아이한테 큰 걱정을 할 이유가 없다.

너한테는 시간이 있잖아

한참 이야기를 하다 보니 밤이 깊어졌다. 내가 말했다.

"너도 밤 되니까 눈이 말똥말똥해지네?"

"아빠 닮아서 그런가? 하하. 나는 부엉이야."

"아빠는 올빼미인데 하하, 근데 너 아빠 닮았으면 생각이 되게 많을 거 같다. 공상 많이 하지?"

"응. 쓸데없는 생각이 많아."

"그거 쓸데없는 생각 아냐. 네 나이 때, 이런저런 생각을 많이 하는 게 정상이야."

"공상을 하면 즐거워. 이루어질 수 없겠지만…."

"아빠는 지금도 공상 많이 해. 뭐 어떠냐. 그렇게 꿈을 꾸다가 뭐가 되기도 하고 그러는 거야."

"그럴까?"

"아빠는 성공하진 못했지만, 지금껏 뭘 한 거 전부 다 공상하다가 얻어 걸린 거야. 책도 그렇게 쓰는데 뭐."

"진짜?"

"지금껏 그렇게 쓴 거 네가 다 확인했잖아. 그러니까 공상 하는 거 나쁘다고 생각하지 말고 즐겁게 공상해라."

"알았어. 하하."

"나중에 이루지 못할 수도 있겠지만, 이루어지겠지 생각하고 꾸는 게 꿈이잖아. 너는 적어도 아빠보다는 가능성이 더 있어."

"왜?"

"너는 시간이 있잖아."

"하하하."

"그러니 너무 염려하지 마. 아빠는 네 걱정 안 해."

이 시기를 살아가는 아이와 한국의 수많은 아이의 친구들에게 응원하는 마음을 전한다. 힘을 내며 살아주기를….

자식의 삶은
자식의 것

매 맞으며 큰 자식은 아버지의 가르침을 따르지 않고,
형벌을 받는 백성은 임금의 정책을 따르지 않으니,
급하게 다스리면 행하게 만들기 어렵다는 말이다.
그러므로 군자는 급히 결단하지 않고,
임의로 사람을 부리지 않는데,
이것이 혼란의 근원이 되기 때문이다.

공자

아빠가 반대한다고 내가 안 갈 거 같아?

자식의 진학이나 취업을 앞두고 갈등을 겪는 가족이 적지 않을 것으로 짐작한다. 부모는 자신의 경험과 현실에 바탕을 두고 되도록 안정적으로 살 수 있는 곳을 택하기를 바라고, 자식은 적성이나 꿈을 중심으로 진로를 계획하는데, 양자 간의 생각이 어긋날 때 갈등이 일어난다. 이와 반대로 부모는 꿈을, 자식은 현실을 중시하는 경우도 적지 않다.

옛사람들은 자식이 부모의 말을 따르고 거역하지 않는 것을 효도라고 여겼고, 그 여운이 지금까지 전해지고 있는 것으로 보인다. 세상에 자식이 잘못되기를 바라는 부모는 없다. 그 마음으로 자식을 대하니 자식 처지에선 마음에 맞지 않는 게 있어도 거역하기 쉽지 않다. 시간이 흐르면서 조금씩 변해가고 있긴 한데, 곰곰이 생각해보면 요즘도 부모의 말을 따르는 자식이 따르지 않는 이보다 많은 것 같다.

큰아이가 고등학교 3학년 대입 수시 원서를 쓸 때였다. 희망하는 학교와 학과를 정해야 했는데, 우선 나는 이 문제에 대해 한마디도 하지 않았다. 학교의 담임선생님이나 학원 선생님과 잘 상의해서 결정하라고만 했다.

이렇게 말은 했지만, 막상 나도 부모가 되어 아이를 바라보니 걱정이 되기 시작했다. 지금 생각하면 쓸쓸한 웃음이 나온다. 걱정의 내용이 참 단순했다.

'내 마음에 안 들면 어떡하지?'

이 생각 속에는 내가 생각하는 현실적인 문제, 내가 바라는 아이의 상이 포함되어 있다. 잘되기를 바라기도 하고, 아이의 결정이 내 맘에도 맞기를 기대한 것이다. 그러다 우연히 아내와 특정 학과에 대한 이야기를 하게 됐다. 아내가 말했다.

"그 학과가 전망도 밝고, 가진이 성격에도 잘 맞을 거 같아. 권해보려고."

"그 과 별로인데? 선후배 간에 상하관계가 엄하고, 사람들도 좋게 보는 것 같지도 않던데?"

기존의 내 생각대로라면 이 말을 듣고 '아이 판단에 맡기라'고 해야 한다. 이것도 잘못인데 나의 선입견을 가지고 그 학과를 폄하한 것도 잘못이다. 아니나 다를까. 아내는 즉시 반박했다.

"당신이 그 과에 대해 다 알지도 못하잖아. 그렇게 말하면 안 되는 거 아냐?"

"그건 맞는 말인데, 나는 반대를 하고 싶네. 그리고 자기 맘에 맞는 게 우선 아닌가?"

"당연히 가진이 맘에 맞아야지. 그래서 권해보겠다는 거야."

"알았어."

애초에 나는 이 선택에 관여할 생각이 없었으므로 말하지 않았고, 만약 아이가 그 학과를 선택한다면 '알았다'고 말할 생각이었다. 다만 여기에서 내 생각과 행동이 일치하지 않았다는 게 아쉬울 뿐이었다.

그 일이 있고 나서 얼마 후에 아내는 아이한테 그 학과를 권했는데 아이는 '생각해보겠다'는 말을 했다고 한다. 이야기를 하는 과정에서 아내는 '아빠는 반대하던데?'라고 했더니 아이는 이렇게 대답했다고 한다.

"아빠가 반대한다고 내가 안 갈 거 같아? 가고 싶으면 가고 가기 싫으면 안 갈 건데?"

급히 결단하지 않는다

그 말을 들으면서 안도의 한숨을 쉬었다. 나의 이율배반적인 생각을 들키지 않았다는 의미의 한숨이기도 하고, 아이의 생각이 분명한 것에 감탄하는 마음을 담은 한숨이기도 하다. 아이가 어릴 적에 조금 엄하게 대했던 것이 늘 마음에 걸렸는데 다행히도 나한테 주눅 들지 않고 있다는 생각을 하니 더 안심이 됐다. 아내에게 이렇게 말했다.

"하하, 우리 가진이가 잘 컸네. 그래야지. 아빠한테도 눌리지 않아야 돼. 의지가 확고하네. 그렇다면 나는 가진이를 믿을 수밖에 없어."

아내한테는 끝내 내 실수를 인정하지 않고 알았다고 했지만, 내심 미안하면서 '역시 좋은 엄마'라는 생각을 했다. 자식 잘되기를 바라는 마음을 지녔으되 자신의 뜻대로 하려 하지 않고 '권해보겠다'에서 그쳤기 때문이다. 결과까지 좋으면 좋겠지만, 중요한 것은 아이가 자신의 생각을 지닌 어른으로 성장하는 것이라고 생각한다.

중국 한나라 유향이 편찬한 설화집《설원》에 이런 말이 나온다.

> 공자가 말했다. "매 맞으며 큰 자식은 아버지의 가르침을 따르지 않고, 형벌을 받은 백성은 임금의 정책을 따르지 않으니, 급하게 다스리면 행하게 만들기 어렵다는 말이다. 그러므로 군자는 급히 결단하지 않고, 임의로 사람을 부리지 않는데, 이것이 혼란의 근원이 되기 때문이다."
>
> 《설원》

윗사람이 아랫사람을 너그럽게 대하고, 감정이 가는대로 대하지 말라는 뜻을 지니고 있는 말이라 하겠다. 내가 낳은 자식이라고 해서 부모의 뜻을 받아들이도록 강요해선 안 되겠다. 이렇게 보면 아내와 나는 표현 방식은 조금 달랐을 뿐 비슷한 마음가짐으로 아이를 대해오지 않았는가 한다.

여섯 군데에 수시 원서를 접수하고 나서 큰아이와 이야기를 나눴다.

"가진아, 너 엄마하고 말할 때, 아빠가 반대해도 너 하고 싶은 거 하겠다고 했다며? 하하."

"응. 그건 내가 결정하는 거잖아."

"그래 맞아. 그 이야기 듣는데 아빠가 참 기분이 좋더라."

"왜?"

"네 의지를 꺾지 않았으니까. 아빠가 부모고 너보다 경험이 많긴 하지만, 아빠가 다 옳지도 않아. 아빠 생각 고집할 생각 없어. 그 과에 대한 선입견은 여전히 있겠지만…."

"아빠 생각이 맞을 수도 있겠지. 그런데 그건 내가 겪어야 하는 거잖아. 내가 선택해서 하는 건데 안 좋은 게 있다면 감수해야지. 안 좋은 거만 따지면 세상에 할 수 있는 게 뭐가 있겠어? 적응해야지."

"그래. 그러니까 아빠가 고집하지 않겠다는 거야. 앞으로도 아빠한테 하고 싶은 말 있으면 주눅 들지 말고 해라."

"응."

결정은 자신이 하는 것이고, 그 결정에 대한 책임을 지는 것도 자신이라 하며, 소신에 따른 행동을 했을 때 생각지 못한 어려움이 닥치더라도 이겨내야 한다는 아이의 말을 들으면서 오히려 내가 배우고 있다는 생각이 들었다. 게다가 살면서 좋은 일만 겪으며 살 수는 없다는, 약간은 노숙해 보이는 말까지 들으니 대견하기도 하고, 신기하기도 했다.

믿고 기다리는 것이 부모의 역할

아무래도 자식은 부모보다 삶의 경험이 부족하므로 부모가 적절히 조언해줄 필요가 있다. 그렇다고 하더라도 분명 자신의 뚜렷한 주관을 지니고 사는 독립된 인격체이므로 부모는 자식을 돕는 조력자가 되어야 하지, 자식의 일거수일투족에 개입하여 조종하려고 해선 안 된다. 내 맘에 맞지 않더라도, 지금의 현실과 다소 거리가 있는 선택을 했더라도, 자식은 자식의 삶이 있고, 내가 이 세상에 없을 때의 현실은 지금과 다를 수 있다. 이렇게 말하면 '그럼 부모는 자식 말만 들으라는 거냐? 자식이 틀릴 수도 있지 않느냐'고 할 사람이 적지 않을 것이다.

누구 말마따나 부모 노릇을 처음 하다 보니 '반드시 이래야 한다'고 단언하기 어렵다. 저 생각도 옳다. 여기에 대해서는 지금까지 만인의 존경을 받는 학자 퇴계退溪 이황李滉(1501~1570)의 말을 참고해볼 만하지 않을까 한다.

> 자식을 훌륭하게 성취시키려 하는 것은 사람의 지극한 바람이지만, 애정에만 이끌려 타이르기를 소홀히 하는 경우가 많다. 이것은 김을 매지 않고 벼가 익기를 바라는 것과 같다. 어찌 이런 이치가 있겠는가?
>
> 이황, 《퇴계집退溪集》 권40, 〈기자준寄子寯〉

부모는 자식의 성장을 위해 꾸중할 수도 있고, 칭찬할 수도 있다. '타이르기'는 받아들이는 사람에 따라 개념과 범위가 조금씩 다르겠지만, 어찌되었건 부모는 자식이 잘 자랄 수 있도록 끊임없이 타이르기를 해야 하겠다. 그렇다면 이황은 자식을 어떻게 타일렀을까? 살짝 엿보고 넘어가보자. 위의 글과 같이 아들인 이준李寯에게 보낸 편지의 일부를 읽어보겠다.

> 책 읽는데 어찌 장소를 가릴 것이냐. 서울에 있으나 시골에 있으나 오직 어떻게 뜻을 세우느냐에 있을 뿐이다. 모름지기 충분히 힘써서 매일 부지런히 공부하여, 할 일 없이 세월만 헛되게 보내지 말아야 하느니라.

너는 본래부터 공부에 뜻이 독실하지 못하다. 만일 집에 있으면서 그저 일없이 세월만 보내면 더욱 공부를 폐하게 될 것이니. 모름지기 빨리 조카 완(宷)이나 혹 독실한 뜻을 가진 친구와 더불어 책을 짊어지고 절에 올라가서 한겨울 동안 부지런히 공부하여라. 지금 부지런히 공부하지 않으면, 세월은 빨라 한번 가면 따르기 어려운 것이니, 천만 번 마음에 새겨 소홀히 하지 말라. 소홀히 하지 말라.

권오돈 외 12명, 《국역 퇴계집》 〈언행록〉 2, 한국고전번역원, 1968

아들에게 다소 엄한 태도로 타이르고 있다. 그러나 가만히 보면 요즘의 선생이나 부모가 제자나 자식한테 하는 말과 크게 다르지 않다. 이황은 자식에게 시간을 헛되이 보내지 말고, 열심히 공부하며, 좋은 친구를 사귀라고 말하고 있다. 다만 현재에는 이처럼 타이르더라도 '자식의 삶은 자식의 것'이라는 사실은 염두에 두고 있어야 하지 않을까 한다.

결국 아이는 아내가 권한 학과에 지원하지 않고 자신이 원하는 곳에 지원했다. 평소에 언론이나 방송 쪽에 관심이 있었다고 한다. 굳이 우리 부부가 왈가왈부하지 않아도 되었던 셈이다. 희망하는 학과가 없을 줄 알고 걱정했는데 자신이 생각해둔 곳이 있다는 걸 확인하니 다행이라는 생각이 들었다. 그러나 이른바 미디어커뮤니케이션 쪽은 인기가 있어서 경쟁률이 높은 편이었다.

아이는 수시 원서를 쓸 때 여섯 군데 모두 논술전형에 지원했다. 역시 예상대로 경쟁률이 매우 높았다. 나와 아내는 50대 1에 가까운 경쟁률을 보고 크게 당황했다. 그런데 정작 당사자인 아이는 담담했다.

"원래 이 과가 경쟁률이 높아. 논술은 보는 애들도 많거든. 글 좀 쓰면 되는 줄 알고 일단 원서를 넣고 보는 거야. 그런데 내가 학원 다녀 보니까 논술은 연습을 하지 않고는 쓸 수 없어. 글만 잘 쓴다고 되는 게 아냐. 그만큼 허수가 많을 거라는 말이지."

안심을 하면서도 너무 자신만만하게 말하는 모습이 마음에 걸렸다. 부모의 역할이 무엇이겠는가. 믿고 기다릴 수밖에 없었다. 아이는 원하던 미디어커뮤니케이션 학부에 합격했다. 하고 싶었던 걸 하고 있으니까 즐겁고 공부가 재미있다고 한다. 그러면 됐다.

II

인성

외향적이지
않아도 괜찮다

나는 나무의 성장을 방해하지 않을 뿐이다.
크고 무성하게 하는 능력이 있는 것이 아니다.
열매 맺는 것을 억제하거나 손상하지 않을 뿐이다.
빨리 열매를 맺게 하고 많이 열리게 하는 능력이
있는 것도 아니다.

유종원

너를 믿어봐. 잘될 거니까

주변을 보면 내성적인 성격을 지닌 자녀를 둔 부모들은 일상 속에서 자녀의 기가 죽을까봐 걱정하고, 반대로 외향적인 성격을 지닌 자녀를 키우는 부모들은 은근히 안심을 하는 경우가 많다. 학교에서든 사회에서든 적극적으로 활동하고 주변과 잘 어울리는 사람을 선호하기 때문이 아닌가 한다.

이러다 보니 내성적인 사람은 자신의 타고난 성정을 탓하거나 이를 고쳐보려고 노력하게 된다. 그러나 노력한다고 해서 천성이 쉽게 바뀌지 않는다. 결국 또 자신을 탓하면서 위축되어간다. 여기에서 한 가지 질문을 던져본다. 과연 내성적인 성격은 반드시 고쳐야 하는 나쁜 것인가?

잊을 수 없는 학생이 있다. 신입생일 때부터 알던 사이인데 복학을 해서 내 강의를 들었다. 남자이고, 졸업반이며, 취업 준비를 하고 있다. 강의를 마치고 나한테 와서 공손하게 인사했다.

"언제 어느 날에 면접을 가야 하는데, 강의 시간과 겹치거든요. 죄송한데 출석으로 인정해주시면 안 되겠습니까?"

'아, 그래서 표정이 어두웠구나.' 초조한 낯빛을 보니 안타까운 마음이 일었지만, 별말은 하지 않고 '걱정 말고 잘 다녀오라'고 했다. 그 이후에도 표정이 어두운 걸 보니 아마 결과가 좋지 않았던 것 같다.

이 학생을 위해서 그런 건 아니지만, 중간고사를 앞두고 수강생 전원을 학교 근처에 있는 사찰에 데리고 갔다.

"여러분들이나 저나 늘 하는 게 많습니다. 늘 핸드폰을 들고 있거나, 아니면 공부를 하죠. 45분 드릴 테니 핸드폰 놔두고 혼자 마음대로 쉬세요. 다만 옆 사람과 말을 하지 말고요. 거창하게 명상을 하라는 거 아닙니다. 부담 갖지 말고 쉬세요."

이래 놓고선 이 친구한테는 일부러 말을 걸었다.

"요즘 많이 힘들지?"

"네."

"그러게. 졸업 앞두고 있으니 걱정되기도 할 거고…."

"저는 남들 앞에서 말을 잘 못하고 얼굴도 벌개지고 그래서 더 걱정입니다."

"하하, 나도 그런데…."

"안 그러실 거 같은데요?"

"안 그런 척하는 거지. 늘 떨리고 그래. 그런데 안 그런 척하려고 하니까 더 힘이 들더라고."

"그럼 어떻게 해야 할까요?"

"나는 그런 사람이라고 인정하면 되는 것 같아. 사람마다 자기만의 강점이나 약점이 있는 거잖아. 그런데 모든 걸 다 강점으로 만들려 하고, 약점을 감추려 하니까 오히려 더 드러나는 게 아닐까? 네 강점은 남들한테 믿음직하게 보이는 면 같아. 나는 너보다 나이가 많은데도 너 보면 듬직하고, '뭘 맡겨도 잘할 것 같다'는 생각이 들더라고. 일부러 너 힘내라고 소리 아니다."

"감사합니다."

"세상에 외향적인 사람만 있는 건 아니잖아. 다 그렇진 않겠지만, 내성적인 사람은 오히려 남들보다 생각을 많이 하고, 준비를 철저히 하는 경우가 많잖아. 이런 게 네 강점이지. 남들 앞에서 이런 이야기를 해본 적 있어? 내성적인 게 오히려 나을 수도 있다고?"

"그런 말은 한 적이 없어요. 생각조차 못해봤고…."

"내 보기에 너는 사람들이 외향적인 사람을 좋아할 거라고 생각을 해서 그쪽으로 어필을 하려고 했을 거야 아마. 그건 너하고 안 맞잖아. 너보다 성적이 좋은 사람들이 잘 됐겠지만, 너하고 안 맞는 걸 보여주려고 해서 잘 안 됐다는 생각은 안 해봤어?"

"거기까진 생각을 안 해봤네요."

"결과가 어찌 될진 모르겠지만, 같은 방식으로 해서 안 됐으니 이번엔 좀 바꿔봐. 나는 내성적이지만 차분하다. 그래서 실수가 적을 거라고 말해보는 건 어때?"

"한번 해볼게요."

"남들도 너 보면 듬직해하고 그럴걸, 아마?"

"제 단점 때문에 걱정이었는데 선생님 덕분에 마음이 편해지는 것 같아요."

"하하, 단점이 될지 아닐지는 아무도 모르는 거라고 생각해. 마음 편해졌다니 다행이네. 너를 믿어봐. 잘될 거니까."

말은 이렇게 해봤지만, 내가 면접관이 아닌 이상 결과를 장담할 수 없으므로 내심 걱정이 됐다. 다만 진심을 담아 응원을 했기 때문에 이 친구가 힘을 얻어주기를 바랐다.

나에겐 특별한 방법이 없다

아울러 이 친구가 자신의 성정을 굳이 바꾸지 않고 그 성정대로 살 수 있도록 돕고 싶었다. 내 생각과 조언이 감히 최선이라고 생각하지는 않는다. 그래도 억지로 바꾸는 것보다는 자연스럽게 놔두는 것이 좀 더 낫지 않을까 생각할 뿐이다.

이렇게 생각하도록 해준 글이 한 편 있다. 중국 당나라의 문장가 유종원柳宗元(773~819)의 〈종수곽탁타전種樹郭橐駝傳〉이라는 글이다.

당나라 수도 장안長安에 '곽탁타'라는 특이한 이름을 지닌 사람이 있었다. '탁타'는 '낙타'인데 곱사병을 앓아서 등이 낙타의 봉처럼 튀어 나와 있었기에 붙은 이름이다. 곽탁타는 나무를 잘 심었다. 이 사람이 심거나 옮겨 심은 나무는 잘 사는 건 물론이고, 열매도 많이 달렸다. 이래서 장안의 부자나 과일 장수들까지 너도 나도 곽탁타에게 나무를 심어달라고 했다. 누군가가 곽탁타에게 나무를 잘 가꾸는 법을 물었다. 곽탁타가 대답했다.

나한테 나무가 오래 살고 무성하게 하는 능력이 있지는 않다. 나무의 천성에 따라 그 성질을 다하게 했을 뿐이다. 나무의 성질은, 뿌리는 퍼지기를 바라고, 북돋음은 평평해지기를 바라며, 옛날에 있던 곳의 흙을 바라고, 빈틈없이 흙을 다져주기를 주기를 바란다. 이렇게 심은 뒤에는 나무를 움직이거나 걱정하거나 뒤돌아보지 말고 떠나야 한다. 심을 때는 자식처럼 대하되, 심은 뒤에는 버린 것처럼 내버려둬야 한다.

이렇게 하면 나무의 천성이 온전히 유지된다. 그러므로 나는 나무의 성장을 방해하지 않을 뿐이다. 크고 무성하게 하는 능력이 있는 것이 아니다. 열매 맺는 것을 억제하거나 손상하지 않을 뿐이다. 빨리 열매를 맺게 하고 많이 열리게 하는 능력이 있는 것도 아니다.

(…) 이와 반대로 하는 사람은 지나치게 나무를 아끼고 걱정하여 아침에 보고 저녁에 어루만지며, 떠났다가는 다시 와서 또 돌아

본다. 심한 경우엔 껍질을 손톱으로 긁어 생사를 확인하거나, 그 뿌리를 흔들어 흙이 꽉 찼는지의 여부를 살피는데, 이로 인해 나무는 본성을 나날이 잃어가게 된다. 아껴서 그런 것이라고 말하겠지만 실은 해치는 것이고, 걱정하기 때문이라고 하겠지만 실은 원수로 삼는 짓이다. 그러므로 나는 이처럼 하지 않을 뿐이니, 나한테 무슨 특별한 능력이 있겠는가.

이렇게 말한 뒤에 유종원은 곽탁타의 입을 빌어 백성을 아낀다는 말을 하면서 시도 때도 없이 마을에 나타나 일을 하라고 독촉하는 관리를 꾸짖었다. 백성은 밭으로 가서 일을 해야 하는 시간에 자신들을 찾아와 일장연설을 하는 관리의 비위를 맞추느라 생업에 종사하지 못하고, 피곤에 지쳐간다. 유종원은 이런 관리들을 나무를 아낀다고 하면서 도리어 해치는 사람들에 비유했던 것이다.

이처럼 이 글은 사회를 비판하는 내용으로 이루어져 있다. 그러나 나는 이 글을 사람을 가르치는 일, 자신을 돌아보는 일에 적용했다. 학생의 성향을 알고 이에 따라 가르치며, 사람의 성정을 있는 그대로 인정해야 하며, 결과를 내기 위해 억지로 서두르거나 사람을 닦달하지 말고 믿고 기다려야 한다는 뜻으로 받아들였다.

본성을 잘 살리는 것이 중요한 이유

그 학기 강의가 끝나고, 방학을 지나 새 학기 개강을 한 어느 날, 그 친구를 만났다. 표정이 밝아 보였다. 내가 말했다.

"취업했구나? 하하."

"그렇지 않아도 인사드리러 찾아뵈려고 했어요. 그때 절에서 해주신 말씀에 힘을 얻었어요. 선생님 덕분에 합격했습니다."

"아이고, 그건 내 덕분이 아냐. 네가 준비를 잘해서 된 거지."

"아니에요. 그때 이후 힘이 났고, 일도 잘 풀리더라고요. 감사합니다."

"그렇게 말해주니 고마워. 그래도 네 덕분이야."

"제가 될지 어떻게 아셨어요?"

"뭘 어떻게 알아. 내가 점쟁이도 아닌데…. 네 모습을 싫어해서 자신감을 잃었는데 어떻게 잘될 수가 있겠어. 그걸 회복하면 될 것 같았어. 결과는 그다음 문제고."

결과만 놓고 보면 이 친구가 취업 경쟁에서 살아남은 건 그간 열심히 노력했고, 운도 따라줬기 때문이라고 할 수 있다. 나의 격려는 이 친구가 결과를 얻는 과정에서 약간의 힘이 되었을 것으로 짐작한다. 나의 말이 좋은 결과를 얻는 데 결정적인 역할을 했다고 보지는 않는다.

그러나 좀 더 자세히 들여다보면 이 친구는 모든 준비를 다 해놓고도 자신의 힘으로 바꿀 수 없거나, 바꾸기 어려운 성정을 실패의 주된 원인 중 하나로 꼽고 있었기 때문에 자신감을 잃은 상태였는데, 생각하기에 따라 이것이 장점이 될 수도 있다는 사실을 깨달은 순간부터 자신감을 갖고 면접에 임했음을 알 수 있다. 이런 생각의 변화가 좋은 결과로 이어지지 않았는가 한다.

이 글을 쓴 유종원 역시 있는 그대로의 모습을 중시하는 사람이었다. 옛날 중국에는 칠월칠석날에 부녀자들이 직녀織女에게 바느질을 잘하게 해달라고 제사를 지내는 풍습이 있었다. 유종원은 이처럼 기교를 중시하는 세태를 좋아하지 않았다. 그래서 자신 역시 부녀자들을 흉내 내어 직녀에게 비는 내용으로 이루어진 글을 써서 소신을 밝히고, 세태를 비꼬았다. 그랬더니 꿈속에서 천사가 나타나서 이렇게 말했다.

너는 부끄러움을 알아서 아첨하는 태도를 지니거나 음란한 말을 할 바에야 차라리 욕을 당하더라도 대수롭지 않게 여기면서 네가 옳다고 생각하는 대로 살고 있다. 네 마음이 이미 확고한데 어째서 헛되이 기도를 하느냐. 네 마음을 굳게 하고 너의 소신을 지켜라. 성공하면 크게 될 것이고, 실패하더라도 하찮은 사람이 되진 않을 것이다. 유종원, 〈걸교문乞巧文〉,《당송팔대가문초唐宋八大家文鈔》

사실 이 말은 유종원이 천사의 말을 빌려 자신의 생각을 드러낸 것이다. 유종원은 강직한 성정을 지닌 사람이었으며 이 때문에 곤란한 일을 겪기도 했지만, 자신의 성정을 고치려 하지 않았다. 그런 태도가 잘 나타나 있는 글이다. 유종원의 글이나 이 친구의 일화를 통해 살핀 것처럼 본성을 해치지 않으면 끝내 좋은 결과를 얻고, 강제로 바꾸려고 하면 좋지 않은 결과를 얻는다는 사실을 유념해야 하겠다. 외향적인 성격을 지니지 않아도 괜찮고, 그러기 위해 애쓸 이유도 없다.

혼나는 일에도
준비가 필요하다

어린아이를 가르칠 때
엄하게 단속해서는 안 된다.
엄하게 단속하면 기백이 약한 아이는
놀라거나 겁을 먹고
기가 성한 아이는
사나워지거나 침울해져서
미워하고 원망하는 마음을 지니게 된다.

이덕무

혼을 내는 것도 가르치는 방식의 하나

어느 날 밖에 나갔다 집에 왔는데, 집안 분위기가 심상치 않았다. 평소 같으면 아내나 딸들이 '밥은 먹고 왔나?' 하며 인사를 하는데 들어오는 나를 보면서도 말을 걸지 않았다. 내가 물었다.

"무슨 일 있었어?"

아내가 둘째 아이한테 잔소리를 했는가 보다. '시간 관리 잘해라', '입시 준비를 하고 있으니 좀 더 공부에 신경 쓰라' 한 모양인데 두 사람 모두 예민한 상태이다 보니 말이 곱게 오가진 않았나 보다. 아이는 화를 내며 나가버렸고, 아내는 아내대로 속을 끓이고 있는 거였다.

화가 난 사람은 건드리지 않는 게 좋다. 옆에서 눈치 보며 앉아 있는 셋째(고등학교 1학년)한테 말했다.

"하진아, 오랜만에 둘이서 분식집이나 갈래?"

아내하고는 밤에 맥주 한 잔 마시기로 하고, 딸아이와 둘이서 동네 분식집에 갔다. 내가 말했다.

"하진아, 중간에서 네가 좀 고생했겠다."

"아, 나도 엄마가 언니 혼내는 거 못 봤어. 언니한테 문자 받고 안 거야."

"그래도 엄마가 걱정해서 한 소리 했을 텐데 화내면서 나가는 건 좀 너무한 거 아니냐?"

이 말을 듣더니 하진이가 살짝 표정을 찡그린다.

"오늘도 그렇고, 저번에도 그렇고, 엄마가 좀 심하게 뭐라고 한 거 같던데? 언니 이야기 들어보니까."

"그래?"

"상처를 좀 받았을 거 같아."

"너는 그렇게 생각하는구나. 그런데 아빠가 보니깐 엄마는 네 명한테 똑같이 뭐라고 하는데, 너희들이 받아들이는 방식이 좀 다른 거 같은데?"

"그런가?"

"너는 엄마한테 혼나면 그걸 속에 담아 두거나 하지 않잖아? 아빠 보기에 뒤끝도 없는 성격인 거 같고…."

"응, 나는 그래. 근데 언니는 말을 안 해버리잖아. 그렇다고 언니 성격이 나쁘다는 건 아냐. 스타일이 그럴 뿐이지."

"아, 아빠도 그걸 나쁘다고 보지는 않아. 사람마다 성격이 다르다고 생각해. 어떤 성격을 지녔어도 다들 나름대로 생활하잖아. 그럼 되는 거지."

"맞아."

"아빠는 그저 엄마한테는 엄마 생각이 있고, 스타일이 있으니까 너희들이 좀 인정해줬으면 좋겠다는 거야. 아빠도 너희들하고 같이 있지만, 엄마가 아빠보다 너희들하고 조금 더 많은 시간을 보내잖아. 그러다보면 자연히 하고 싶은 말도 많아질 거잖아. 사실 너희들 이것저것 챙겨주고 하는 게 당연한 거 같지만, 그거 정말 대단한 거야. 어찌 보면 그게 전부일 수도 있어."

"흠, 알고 있어. 그래서 나는 엄마하고 안 싸우려고 해."

"아빠는 되도록 잔소리를 안 하려고 하고, 혼을 안 내려고 한다만, 그건 어디까지나 아빠 생각일 뿐이고, 엄마는 혼을 내야 할 땐 내야 한다고 생각하잖아."

"혼날 때는 나야지. 시진이(초등학교 4학년) 봐봐. 오냐오냐 키워 가지고 우리한테 막 하잖아. 호호호."

"야, 하하, 뭘 시진이를 오냐오냐 키웠다고 그래. 그만하면 좋아. 언니들 틈에서 커 가지고 배려심이 있어."

"그건 좀 그렇긴 하지. 뭐 그래도 혼날 수도 있는 건데, 계속 혼내면 그 뭐지 반항심 같은 게 생겨서 좋지는 않을 것 같네."

"그런데 혼을 내는 것도 엄연히 가르치는 방식 중의 하나야. 그걸 나쁘다고 보진 않아. 다만 혼날 준비가 된 사람한테 혼을 내야 된다고 봐."

"혼날 준비?"

아이 표정을 보니 이젠 언니 이야기는 관심 밖이고, 지금 이 대화에 집중하고 있는 것 같았다. 표정은 풀려 있고, 목소리도 가벼워졌으며 질문에 호기심이 잔뜩 서려 있다. 가라앉았던 분위기는 날려버리고 아이와 즐겁게 대화를 나누기 시작했다.

아이의 성정에 맞게 키워야 한다

부모 자식 간에 되도록 얼굴 붉히는 일이 없는 게 좋기는 한데 살다보면 마음 같이 되지 않는다. 많은 사람들은 그래선 안된다고 하지만, 칼로 무 자르듯 냉정하게 자신을 다스리거나 주변을 살필 수 있는 사람은 많지 않다. '되도록'이라는 말을 붙여놓고 조심하기만 해도 충분하며, 자식을 감정적으로 대했더라도 심한 자책감까지 느낄 필요는 없다고 생각한다.

부모는 사람이지 책에 나오는 성인군자가 아니고, 그런 여유를 가질 만큼 이 세상은 아름답지도 않다. 자신이 아는 만큼 생각하는 만큼 진심을 다해 아이를 대하면 그뿐이다.

아이는 혼내는 것 자체에 반감을 가지기도 하고, '이만큼' 혼날 문제는 아니라는 생각도 할 것이고, 이 순간을 넘기자는 마음을 지닐 수도 있겠고, 반성을 할 수도 있다. 무엇을 느끼든 그건 전적으로 아이의 문제다. 그러나 잘못을 하면 그만큼의 책임을 져야 한다는 걸 알게 될 것이다. 불쾌감을 느끼는 것도 어찌 보면 잘못을 한 탓이다. 이래서 나는 가끔 아이들한테 소리를 지르거나 혼을 낸다. 자주 그러지는 않는다. 아마 이런 글을 읽었기 때문이 아닐까.

> 어린아이를 가르칠 때 엄하게 단속해서는 안 된다. 엄하게 단속하면 기백이 약한 아이는 놀라거나 겁을 먹고 기가 성한 아이는 사나워지거나 침울해져서 미워하고 원망하는 마음을 지니게 된다. 너그럽게 풀어줘서도 안 된다. 그렇게 하면 의지가 무딘 아이는 게을러지고 기질이 강한 아이는 방종해져서 남을 업신여기는 마음을 지니게 된다. 말을 몰고 매를 부리는 것처럼 채찍을 항상 손 안에 두고 상황에 따라 알맞게 조정하는 것이 좋다.
>
> 이덕무, 《청장관전서》 권28, 〈사소절〉

조선 정조 시기의 유명한 학자 이덕무의 글이다. 아이가 성장하여 사회의 일원이 되어 남과 잘 어울리며 살도록 하기 위해서는 이처럼 부모가 아이의 성정을 파악하여 그에 맞게 키워야 한다. 다만 이덕무는 어린아이들은 '아직 여물지 않은 상태'이므로 엄격함 일변도로 대해서는 안 된다고 말하였다. 혼을 내더라도 오랜 시간 아이를 몰아세우지 않는 게 좋다. 칭찬할 때도 마찬가지다. 아이가 기고만장해질 정도로 칭찬을 하진 말아야 하겠다.

나는 되도록 아이들을 이 글의 내용에 나온 것처럼 대하려고 노력은 하는데, 막상 일이 닥치면 실천하기가 쉽지는 않다. 그저 늘 염두에 두고 실천해보겠다고 다짐해볼 뿐이다. 그나저나 나는 이런 글을 봐서 그렇다고 치는데, 아이는 이 글을 보지도 않고 어떻게 이덕무 같은 생각을 했는지 문득 궁금해졌다. 아이는 "혼을 내는 것도 가르치는 방식이다. 혼날 준비가 된 사람한테 혼을 내야 한다"라는 말을 듣더니 웃는다.

"하하, 그건 그렇긴 하지. 뭐 혼날 수도 있기는 한데, 계속 혼나면 그 뭐지 반항심 같은 게 생겨서 좋지는 않을 것 같네."

이덕무보다 좀 더 강한 어조로 심하게 아이를 혼내는 어른을 꾸짖은 사람도 있다. 성호星湖 이익李瀷(1681~1764)의 제자로서 사회의 부조리에 대해 비판적인 글을 다수 남겨놓은 조선 후기의 선비 무명자無名子 윤기尹愭(1741~1826)는 이런 말을 남겼다.

아이가 만약 자신의 생각과 같지 않으면 그때마다 노려보면서 화를 내거나 소리를 질러 꾸짖는다. 심한 경우에는 주먹질이나 발길질을 하거나 회초리질을 하기도 한다. 혈기가 안정되지 않은 아이들은 넋이 나가서 멍하니 어쩔 줄을 몰라서 도리어 자기가 알았던 것도 잊어버리게 된다. 이들 중 못된 아이는 어른을 적으로 여기거나 책을 원수처럼 보게 될 것이다. 이처럼 하고서 어떻게 높은 경지에 도달

할 수 있겠는가.

　내가 듣기로 어떤 사람은 자식을 가르치다가 조금이라도 어긋나는 게 있으면 송곳으로 찔러서 끝내 아이가 놀라서 미친 짓을 하는 병을 얻었다고 한다. 이것은 그 사람이 자식을 사랑해서 가르친 방법인데 도리어 해치는 게 되어 버렸으니, 사람이 아무리 어리석어도 그렇지 어떻게 이런 지경에까지 이를 수 있는가.

윤기, 《무명자집》 〈교소아敎小兒〉

　이 대목을 읽으며 흠칫 놀랐다. 나도 예전에 아이가 낮은 성적을 받아오면 아이를 바늘로 찔렀다는 부모의 이야기를 듣고 분노한 적이 있기 때문이다. 예나 지금이나 사람의 생각과 행동은 비슷한 것일까? 읽고 있으니 뒷맛이 씁쓸하다.

상대의 방식을 존중해야

아이하고 대화를 이어간다.

"하진아, 너 공부 좋아서 해?"

"아니."

"그래. 아니잖아. 좋아서 하면 잘하고 싶어지거든. 그럴 때 한

두 번 혼을 내면 분발할 수 있어. 상황 봐 가면서 혼을 내기도 하고 용기도 주고 하는 거지."

"흠, 그럴 거 같네. 혼나도 잘하고 싶을 거니까."

"그래. 그게 준비야."

"그렇구나."

"그러니까 너는 아직 혼날 준비가 안 되어 있는 거지. 공부 자체를 어려워하는데 거기 대고 혼을 내면 더 안 돼. 그래서 그냥 기다리고 있는 거야. 그렇다고 해서 네가 막 잘했으면 하고 바라는 것도 없어. 뭐든 네가 필요해서 해야 하고, 너 스스로 좋아지도록 노력하면 되는 거야."

"알았어. 호호."

"그게 그런 거더라. 아빠는 어릴 때 할아버지가 혼내면 정말 열 받았거든. 공부하기 싫어 죽겠는데 잘하라고 혼을 내니깐 싫더라고. 그런데 대학원에서 공부할 땐 선생님들이 혼내는 걸 받아들이겠더라."

"왜?"

"혼나는 게 싫기도 하고, 혼을 낸 선생님 욕도 하고 그랬지만, 아빠가 하고 싶어서 하는 거고 좋아서 하는 거니까. 아빠는 그런 방식을 정말 싫어하지만, 그것도 가르치는 방법 중 하나라는 생각은 가지고 있어."

"그랬을 수도 있겠네."

"뭐 하여튼 엄마가 언니 혼낸 거 이야기하다가 여기까지 왔는데, 아빠는 엄마 방식이 틀렸다고 보지는 않아. 어떤 면에서 보면 아빠가 하고 싶은 소리를 엄마가 대신 할 때도 있어. 그러니까 너도 그렇고 언니도 그렇고, 부모 마음을 조금 알아줬으면 좋겠네."

"알았어. 호호."

혼을 내는 아내나 혼을 덜 내는 나나 똑같이 자식을 사랑하지만, 아내가 나보다 더 힘들고 마음 아플 것이다. 아내는 아이들과 보내는 시간이 나보다 많기 때문에 칭찬이건 잔소리건 할 기회가 많기 때문이다. 잔소리도 분명히 아이를 위해서 하는 것일 텐데 아이들이 그 마음을 몰라주거나 화까지 내는 걸 보면서도 하소연할 곳도 마땅치 않다. 아울러 나는 아내와 아이들을 대하는 방식이 다르지만, 아내의 방식도 존중한다. 이런 까닭으로 아내의 편을 들었던 것이다.

그날 밤 아내와 맥주를 마시면서 많은 이야기를 나눴다. 아내는 뒤도 돌아보지 않고 휙 나가버린 둘째를 탓하면서도 "밥은 먹고 나갈 것이지" 했다. 이런 게 부모의 마음이 아닌가 한다.

외모보다
중요한 것

심지어 박꽃은
더욱 보잘것없고 초라하여
뭇 꽃에 끼어서 봄철을
매혹적으로 만들지도 못하지만,
그 넝쿨은 멀고도 길게 뻗어 가며
박 한 덩이의 크기는
여덟 식구를 먹일 만큼 넉넉하다.

박지원

사람을 외모로 평가해선 안 된다

사마천司馬遷(기원전 145~기원전 86)의 《사기史記》, 〈중니제자열전
仲尼弟子列傳〉에 이런 이야기가 있다. 공자의 제자 중에 담대멸명
澹臺滅明이라는 사람이 있었다. 이 사람은 정말 못생겼다고 한다.
처음에 공자한테 배우러 왔을 때 공자조차 '이건 좀 아닌데?'라
고 생각했을 정도였다. 그러나 담대멸명은 제자가 된 뒤에 공자
의 가르침을 실천하려 애썼고, 길을 다닐 땐 큰 길만 고집했으며,
개인적으로 벼슬아치를 만나지 않았다.

얼마 지나지 않아 그는 여러 제후들에게 정직한 사람으로 알
려졌다고 한다. 이후 공자를 떠나 자신도 제자를 가르쳤는데, 따
르는 사람이 삼백 명이나 되었다고 한다. 공자는 탄식했다.

"내가 외모만 보고 사람을 가렸다가 담대멸명에게 실수했다."

이 일화는 사람을 취하거나 평가할 때 잘생긴 외모보다 심성
이 더 가치 있다는 말을 할 때 자주 쓰이고 있다. 그러나 마음만
곱다고 모든 게 해결되진 않는다. 《삼국지연의三國志演義》에 방통
龐統이라는 못생긴 사람의 일화가 나온다. 이 사람은 지략으로
제갈공명과 쌍벽을 이뤘던 사람으로, 둘 중 한 사람만 데리고 있
어도 천하를 얻을 수 있다는 말이 돌았을 만큼 명성이 높았다.

그런데 그는 들창코에 얼굴빛은 거무튀튀했고, 당시 남성의

인품을 상징하는 수염도 적어서 사람들에게 환영받지 못했다. 처음에 방통은 손권한테 갔는데 이런 생김새 때문에 퇴짜를 맞았다. 손권의 부하였던 노숙은 방통의 재능이 아까워서 이 사람더러 유비한테 가라고 권유하며, 자신의 이름으로 추천장을 써주었다.

방통은 유비에게 갔지만, 일부러 노숙의 추천장을 보여주지 않았다. 그러자 유비 역시 손권이 그랬던 것처럼 방통의 못생긴 얼굴을 보고 이 사람을 대수롭지 않게 여겼다. 다만 내보내지는 않고, 뇌양현이라는 작은 동네의 사또로 임명해버렸다. 뇌양현에 부임한 방통은 고을의 일을 돌보지 않은 채 매일같이 술만 마셨다.

이 소문을 들은 장비는 씩씩거리며 방통을 찾아가서는 방통에게 왜 일을 하지 않느냐며 다그쳤다. 술에 취해 비스듬히 앉아 있던 방통은 부하에게 일거리를 가지고 오라고 하더니 며칠 동안 쌓인 일을 반나절 만에 깔끔히 처리했다.

유비는 방통을 불러 진심으로 사과했다. 그제야 방통은 노숙이 써준 추천서를 유비에게 건넸다. 나중에 이 일을 알게 된 제갈공명이 웃으며 말했다.

"방통은 겨우 백 리의 좁은 땅을 다스릴 만큼 작은 인재가 아닙니다."

이 일화 역시 사람을 평가할 때 외모만 봐선 안 된다는 사실을 알려주고 있다.

꽃이 크다고 열매가 맺히는 것은 아니다

그러나 현실에서는 사람을 평가할 때 외모를 중시한다. "용모 단정한 분"을 원한다는 구인광고의 평범한 말 속에는 '이왕이면 빼어난 외모를 지니고 있으면 좋다'는 의미까지 들어 있다는 것을 누구나 알고 있다. 이래서일까? 언젠가 대학에 다니고 있는 큰아이가 성형수술을 하고 싶다고 한 적이 있다.

"아빠는 성형수술하는 건 반대야."

"왜? 외모에 자신이 없는 사람도 있는데, 수술해서 자신감을 얻을 수 있으면 좋은 거 아닌가?"

"그래. 꼭 해야겠다고 한다면 말릴 수는 없는데, 수술을 하면 아프잖아. 그리고 이후에 맘에 안 들면 또 하고 싶어질지도 모르잖아. 그럼 어떡할 거야?"

"예뻐질 수 있다면 그만한 고통은 감수해야지."

내 질문에 제대로 답을 하진 않았지만, 굳이 더 묻지는 않았다. 게다가 고통을 감수하겠다고 하는데 거기다 대고 딱히 잔소리를 할 수도 없었다. 이때 옆에서 듣고 있던 아내가 한마디 한다.

"당신은 이 문제에 대해선 참 보수적이네."

그렇다고 인정했다. 나한테 말하지 못한 콤플렉스가 있다거나 꼭 예뻐지고 싶다고 하면서 성형수술을 해야겠다고 고집을 부린다면 하도록 봐둬야겠지만, 앞장서서 하라고 권하고 싶지는 않다. 아이한테 말한 것처럼 수술 이후의 모습이 맘에 안 들 수도 있고, 혹시 부작용이 있을지도 모르기 때문이다.

수술이 잘돼서 없던 자신감이 생기고, 이를 바탕으로 잘살아가면 좋겠지만, 반대급부를 생각하지 않을 수 없다. 아울러 외모를 꾸미는 일은 결국 자기만족을 위해서 하는 것일 텐데 자기만족의 기준이 모호하고, 좋은 외모만으로 과연 자기만족을 할 수 있을지 의문이 들기도 한다. 어디쯤에서 타협을 해야 할까? 옛사람의 글에서 해답을 찾아보려 한다.

군자가 화려한 꽃을 싫어하는 것은 무엇 때문인가? 꽃이 크다고 해서 반드시 그 열매가 맺히는 것은 아니니 모란과 작약이 바로 그렇다. 모과의 꽃은 목련만 못하고, 연밥은 대추나 밤만 못하다. 심지어 박꽃은 더욱 보잘것없고 초라하여 뭇 꽃에 끼어서 봄철을 매혹적으로 만들지도 못하지만, 그 넝쿨은 멀고도 길게 뻗어가며 박 한 덩이의 크기는 여덟 식구를 먹일 만큼 넉넉하다. 한 바가지의 박 씨는 백 이랑의 밭을 박 잎으로 뒤덮이게 할 만하고 박을 타서 그릇을 만들면 두어 말의 곡식을 담을 만하니, 꽃과 열매가 도대체 무슨 상관이 있단 말인가.

박지원, 《연암집》 권1, 〈이자후하자시축서李子厚賀子詩軸序〉

박지원朴趾源(1737~1805)이 마흔여섯의 나이에 아들을 본 이박재李博載(1739~1806)에게 전하는 축하의 글이다. 박지원은 사람에게 가장 중요한 건 화려한 겉모습이 아니라 내실이라는 점을 강조하였다.

이 글의 앞뒤에 자리하고 있는 박지원의 말에 따르면 이박재의 외모가 남들 눈에 띨 만큼 잘생기지는 않았으나 내면이 훌륭한 사람이었던 것으로 보인다. 그러니까 이 글은 이박재의 득남을 축하하면서 위로하는 의미가 담겨 있다. 이런 사람이므로 늦은 나이지만 아들을 봤다는 것이다.

'반드시 아들을 봐야 후손이 끊어지지 않는다'는 현재와 맞지 않는 유교적인 사고방식은 받아들이기 어렵지만, 외모보다는 내면이 좋아야 한다는 생각은 현재에도 유효하다고 생각한다.

외모보다는 인품과 실력이 중요하다

박지원뿐 아니라 옛 선비들은 모두 외모 꾸미기에 치중하는 일은 올바르지 않다고 여겼다. 중국 전국시대의 철학자인 순자荀子(?~?)는 아예 자신의 책에 한 단원을 마련하여 관상을 중시하는 세태를 비난하면서 살아감에 있어 외모는 중요하지 않다고 주장했다.

생김새는 마음을 이기지 못하고, 마음은 살아가는 방법을 이기지 못한다. 방법이 바르고 마음까지 따라주면 생김새가 나쁘더라도 마음과 방법이 선하여 군자가 되는 데 해로울 것이 없다. 생김새가 좋더라도 마음과 방법이 나쁘면 소인이 되는 데 해로울 것이 없다. 군자를 '길하다'고 하고, 소인을 '흉하다'고 한다. 그러므로 신장의 길고 짧음, 몸집의 크고 작음, 용모의 좋고 나쁨은 길흉을 결정하는 것이 아니니 옛사람들은 이를 따지지 않았으며, 학자들도 이를 말하지 않았다. 《순자荀子》〈비상〉

〈비상非相〉은 '관상술觀相術을 비판하다'는 뜻이다. 이런 내용이 저작의 한 부분을 이룰 만큼 순자가 살던 시기에도 외모를 중시하는 분위기가 만연해 있었음을 알 수 있다. 위 글을 보면 순자는 얼굴보다는 마음이고, 마음보다는 사는 방법이 더 중요하다 하고 있다. 순자는 이어서 외모가 추하거나 이상했는데도 이와 상관없이 큰 업적을 남긴 인물을 소개했다.

> 옛날 춘추시대 위衛나라 영공靈公 공손려公孫呂라는 신하가 있었는데 이 사람의 키는 칠척七尺이었고, 얼굴은 세로로 삼척三尺이나 되어 매우 길었고, 좌우는 세 치 밖에 되지 않아 매우 좁았으며, 코·눈·귀는 있기는 했지만 간격이 멀었다. 그러나 그의 명성은 천하를 진동시켰다. 초楚나라의 명재상 손숙오孫叔敖는 기사期思라는 촌 출신인데 까칠까칠한 대머리에 왼쪽 다리가 길었고, 수레에 타면 횡목橫木(사람이 기대 설 수 있도록 가로로 설치해놓은 나무)의 아래에 있을 만큼 키가 작았지만, 초나라를 패권국으로 만들었다. (…) 키의 길고 짧음, 덩치의 크고 작음, 용모의 아름다움과 추함을 논해서 무엇 하겠는가.
>
> 《순자》〈비상〉

이처럼 옛사람들은 외모보다 인품이나 실력을 중시했으며, 실생활에서 이런 생각을 실천하려 노력했다. 옛사람들의 생각과 말을 모두 받아들일 필요까지는 없다. 외모를 꾸밈으로써 자신감을 얻는 등 내면의 안식을 얻는 사람들도 많으므로 반드시 이를 나쁘다고 할 이유도 없다. 지혜로운 공자나 유비까지도 외모에 속았고, 순자는 한 단원을 써가면서까지 외모를 중시하는 세태를 비난했으며, 현재에도 출중한 외모로 덕을 보는 사람들이 있는 것을 보면 이를 아예 무시할 수도 없을 것 같다. "잘하지 못해도 잘생기면 용서 된다"는 말이 유행할 정도다.

그래도 결국 사람은 인품과 실력이 있어야 인정받는다. 한 발 양보해서 한두 번 용서받을 수 있을지 모르겠으나, 잘하지 못하면 끝내 비참해진다. 좋은 외모를 갖고 있으면 그렇지 못한 남들보다 처음에 조금 유리할 수는 있겠지만, 그게 전부다. 내 삶의 성패를 외모가 전적으로 좌우하지는 못한다.

나한테 보수적이라고 말했던 아내도 나와 같은 생각을 지니고 있다. 옆에 있는 큰아이한테 이렇게 말했다.

"얼굴 잘생기고 몸매가 좋아도 마음을 잘못 쓰면 다 소용없어. 사기꾼들 봐봐. 다들 잘생겼고 말도 잘 하잖아. 사고 치는 연예인들도 가끔 있지. 잘생기면 뭐해. 인간이 안 된 거잖아. 그러니까 외모에 속으면 안 돼."

아내는 능력도 중요하지만 그 바탕에 훌륭한 인품이 있어야 한다고 말한 것이다. 이와 유사한 말이 중국 한나라의 유향이 세상 사는 데 필요한 이야기를 모아서 엮은 책인 《설원》에도 실려 있다.

자신을 수양하지 않고, 남에게 구하는 것을 순서를 잃었다고 하고, 자신의 내면을 다스리지 않고 외모를 꾸미는 것을 크게 파괴했다고 하는 것이다. 무거운 물건을 쌓아서 싣고 가는 수레의 뒤에서 채찍을 잡고 따라가는 것은 안전한 방법이 아니다.

유향,《설원》권16,〈논총論叢〉

쉽게 말해 세상을 살아가려면 우선 자신의 내면이 안정되어 있어야 한다는 뜻이다. 그렇지 못하니 아내의 말처럼 '사고를 치는' 일이 일어나는 것이다. 이런 말이 현실에 완전히 적용되니 무조건 따르라는 게 아니다. 살면서 참고할 가치는 충분하지 않을까 한다.

뭐가 되려고
애쓰지 말게

옛날의 배우는 사람들은
자신을 위한 공부를 했는데,
오늘날의 배우는 사람들은
남에게 잘 보이기 위해 공부를 한다.

공자

잊을 수 없는 스승

사람에겐 누구나 자신의 삶에 등불이 되어준 선생님이 한두 분 계실 것이다. 내게도 여러 분의 훌륭한 선생님이 계셨는데 그중 한 분이 대학 시절 은사이신 배상현 선생님이다. 입학하고 첫 학기에 선생님께 《논어論語》를 배웠는데 이때 시험 운이 좋아서 다른 친구들보다 좋은 성적을 받았다. 선생님께서는 나를 따로 불러서 격려해주셨고, 선배들에게 내 이야기를 하시면서 큰 기대를 하셨다.

그러나 그때 나는 한문학자가 될 생각이 전혀 없었기 때문에 이후에 공부를 하지 않았다. 선생님께서는 크게 실망하셔서 졸업하는 날까지 마음을 주지 않으셨다. 예전에는 졸업반 학생들이 선생님을 모시고 '사은회'라는 행사를 했는데, 선생님께서는 다른 학생들한테는 웃으며 덕담을 건네셨지만, 나한테는 이렇게 말씀하셨다.

"김재욱 군이 일학년 때 쓴 시험 답안지를 보고, 가르칠 만한 놈이 들어왔다고 생각했는데 어떻게 된 일인지 이후에 공부를 하지 않았네. 김군, 자네 세상 그렇게 살면 안 되네."

순간 사은회 분위기는 냉랭해졌고, 나는 고개를 들지 못했다. 이런 말씀을 들었기 때문일까. 나는 졸업 후에 대학원에 진학했고, 다시 선생님께 배웠으며, 고려대학교 박사 과정에 입학한 뒤에도 선생님을 자주 찾아뵈었다. 선생님은 내가 이 길에 들어서는 그날부터 나를 아껴주셨고, 열심히 가르쳐주셨다. 선생님께서 정년퇴임을 하신 뒤에도 나는 모르는 게 있으면 선생님을 찾아갔는데 어떤 때는 발표문을 들고 가서 첨삭지도를 받기도 했고, 과제를 몽땅 들고 가서 도와주십사 부탁을 드리기도 했다.

지금 생각하면 등골에 식은땀이 날 만큼 부끄러운 일이지만, 그때는 그게 잘못인지도 몰랐고, 무엇보다 급해서 선생님께 막무가내로 떼를 쓴 거였다. 그런데도 선생님은 전혀 불편한 기색을 보이지 않으셨고, 하나하나 차근차근 알려주셨다. 죄송하고 감사해서 식사 대접을 하려고 했더니 선생님은 이렇게 말씀하셨다.

"내가 정년퇴임을 했어도 교수로 있을 때 검소하게 살면서 저축을 해놓은 게 있네. 제자한테 밥을 살 정도의 능력은 있네. 나한테 밥 사줄 생각하지 말게."

이래서 나는 선생님께서 돌아가실 때까지 한 번도 밥을 사지 못했다. 선생님께선 우리 부부 주례를 맡아주셨다. 성의껏 준비한 사례금을 드리려고 했는데 받지 않으시고 '바쁜 일이 있어서 먼저 간다'고 하시고는 급히 자리를 뜨셨다.

순진했던 나는 선생님의 말씀을 그대로 믿고는 얼마 후에 사례금 봉투를 들고 선생님 댁을 찾아갔다. 한참 이런저런 이야기를 하다가 봉투를 꺼내서 드렸더니 이렇게 말씀하셨다.

"자네 성의는 알겠지만, 나는 기쁜 마음으로 자네 주례를 섰을 뿐 이런 걸 바라진 않았네. 받을 수 없네."

재차 받아주십사 권하자 급기야 좀처럼 내지 않던 화를 내셨다.

"선생과 제자 사이에 이런 걸 주고받으면 안 되네. 이런 거 들고 오려면 앞으로 내 집에 찾아오지 말게."

할 수 없이 봉투를 주머니에 넣으니 그제야 선생님은 표정을 풀고 부드럽게 말씀하셨다.

"나는 자네가 공부 열심히 하고, 식구들과 잘 지내기를 바라네. 그 돈으로 식구들하고 맛있는 거 먹도록 하게."

내가 박사학위를 받고 논문을 들고 찾아뵈었을 때는 자리에서 일어나 내 손을 잡고 안아주시면서 '고맙다'고 하셨다. 내가 여쭀다.

"왜 고맙다고 하세요, 선생님. 제가 감사드려야죠."

"자네가 포기하지 않고 공부해줘서 고맙네. 선생한테는 이것이 가장 큰 보람이야."

이 외에도 선생님과 있었던 일이 무척 많다. 이런 분인데 나는 선생님이 돌아가신 줄도 몰랐고, 그 소식을 한참이 지난 뒤에 우연히 다른 사람을 통해 듣게 되었다. 그 일을 생각하면 지금까지도 너무너무 죄송하고 마음이 아프다. 이 죄를 무엇으로 어떻게 씻을 수 있을까.

시간만큼 위대한 건 없다

2017년 11월, 선생님은 세상을 떠나셨다. 나는 그해 봄 어느 날, 선생님께 안부전화를 드렸다. 선생님은 댁에 안 계신지 사모님께서 전화를 받으셨다. 사모님은 "선생님이 편찮으셔서 석 달째 병원에 계시다"고 하셨다. 죄송하고 마음 아팠다. 다음날 선생님 계신 병원으로 찾아갔다.

선생님은 네 명이 함께 쓰는 병실에 계신다고 했다. 심호흡을 하고 들어갔는데, 침대 하나는 완전히 비어 있고, 두 분을 보니 우리 선생님이 아니다. 그럼 아마 저 커튼 뒤에 계시겠구나. 커튼을 열었는데, 뼈만 앙상하게 남아 있는 할아버지가 누워 계셨다.

'이상하네? 입구에 분명히 선생님 성함이 붙어 있었는데 왜 안 계시지?'

다시 그 할아버지를 쳐다봤다. 할아버지도 무덤덤하게 나를 쳐다본다. 순간, 눈물이 왈칵 쏟아졌다.

"선생님, 저 재욱입니다. 저 알아보시겠어요?"

아, 어떻게 일 년 만에 이렇게 되실 수가 있지. 울면 안 되는데 눈물이 멈추질 않는다. 그러나 선생님은 담담한 표정을 지으며 나지막한 목소리로 말씀하셨다.

"바쁠 텐데 왜 왔는가."

"선생님, 늦게 와서 죄송합니다. 인사드리러 왔어요."

"뭐라고 하는지 안 들리네. 이어폰 켜달라고 하게."

다행히 선생님 눈빛은 예전 그대로고, 목소리에도 힘이 있었다. 안도하며 정신을 차렸다. 예전처럼 이야기를 주고받는다.

"선생님이 너무 야위셔서 몰라봤잖아요. 하하하."

"나도 첨에 자넨 줄 몰랐잖아. 자네는 살이 좀 쪘구먼."

"선생님한테서 빠진 살이 저한테 다 와서 그렇잖아요. 왜 그러셨어요. 하하하."

"허허, 허리가 아프더니 그게 욕창이 됐네. 석 달째 누워 있네."

"어서 일어나셔서 선생님 좋아하시는 책 보셔야죠."

"글쎄. 그래야지. 시간이 좀 걸리겠지. 그런데 자네 바쁠 텐데 왜 왔나."

"선생님 편찮으신데 제가 어떻게 안 와요?"

"부담될까봐 알리지 않았잖아. 이제 가보게."

"네? 아이고. 하하. 저 금방 왔잖아요. 어째 바로 가라고 하실

수가 있어요?"

"그래. 자네 밥은 먹고 사나?"

"그럼요. 돈을 잘 못 벌어서 그렇지…."

"밥 먹고 살면 되는 거야. 이렇게 살아주니 고맙네."

"선생님 기대에 부응을 못해서 늘 죄송해요. 공부는 안 하고 잡문이나 쓰고 있습니다."

"아냐. 글 쓰는 일 쉽지 않네. 자네 책이 다 말해주는 거야. 저 술 열심히 하게."

"……"

편찮으신 선생님 앞에서 위로의 말씀을 드려야 하는데, 이기적이고 못난 나는 또 나 아픈 이야기를 해버렸다.

"선생님, 저 지금 공부 안 하고 다른 글 쓰고 있어요. 어려워서 공부를 못 하겠어요. 솔직히 뭘 해야 될지도 모르겠어요. 하루하루가 힘들어요."

"시간이 해결해주네. 시간만큼 위대한 건 없는 거야. 다 숙명으로 받아들이게."

"아니, 그런 게 어디 있어요? 뭔가를 하려고, 바꾸려고 노력해야 되잖아요."

그간의 소식을 전할 때 그 내용이 조금 다를 뿐, 몇 년을 만났어도 선생님과 내 대화는 늘 이렇게 끝난다. 신기한 것은 선생님

의 저 말을 듣고 있으면 마음이 착 가라앉고 인정을 하게 된다는
점이다.

변하는 상황에 맞춰서 산다는 것

공자가 말했다.

> 옛날의 배우는 사람들은 자신을 위한 공부를 했는데, 오늘날의 배
> 우는 사람들은 남에게 잘 보이기 위해 공부를 한다.

《논어》〈헌문憲問〉

자신을 위한 공부를 '위기지학爲己之學'이라고 하는데, 내 인
격을 높이기 위해서 하는 공부를 뜻한다. 반면 남에게 잘 보이기
위한 공부를 '위인지학爲人之學'이라고 부르는데, 지식을 습득해
서 남에게 인정을 받은 뒤에 부귀를 얻으려는 목적으로 하는 공
부를 뜻한다. 저런 말을 입에 달고 살면서 부귀를 추구하다가 몸
을 망친 사람들도 많지만, 위기지학을 했던 사람들도 많았다.

현재 학교에 다니면서 열심히 공부하는 학생들이나, 사회생
활을 하는 분들에게 저런 이야기를 하면 대변 '뜬구름 잡는 소

리'라는 말을 들을 게 뻔하다. 맞는 말이다. 사실 요즘엔 위기지학과 위인지학의 경계가 모호하기도 하다. 다만 선생님은 저 말을 통해 '너를 위해 공부하고 있으니, 무언가를 얻기 위해 너무 애쓰진 마라'고 하신 것이다. 이런 말씀도 하셨다.

> 부귀한 처지가 되면 그에 맞게 행동하고, 빈천한 처지가 되면 그에 맞게 행동하고, 오랑캐의 입장이 되면 그에 맞게 행동하고, 환란에 직면하면 그에 맞게 행동하니, 군자는 어디를 가더라도 스스로 얻지 못할 것이 없다. 《중용中庸》

말이 쉽지 사람이 어떻게 변하는 상황에 다 맞춰서 살 수 있겠나. 그러나 가만히 생각해보면 살아가려면 이렇게 하는 수밖에 없고, 행하기 힘들면 이런 마음이라도 먹어야 살아갈 수 있다. 선생님이 나한테 '밥 먹고 살면 되는 거다'고 하신 것, 전공 분야 공부를 등한시 하고 잡문을 쓴다고 하면서 고개를 숙이고 있는 나한테 '글쓰기 쉽지 않다. 저술 열심히 하라'고 하셨던 것 모두 저 말 속에 들어 있는 것 같다.

오늘, 선생님은 이런 말씀을 하셨다.

"뭐가 되려고 애쓰지 말게. 그렇게 어떻게 사나. 힘들어서 못 사네. '가다보니 여기까지 왔구나' 하면서 살면 되는 거야."

"네."

"이제 가보게. 자네 잘하고 있네. 다 살게 되어 있네."

"선생님 퇴원하시면 댁으로 찾아뵐게요. 일어나셔야 돼요."

"그러세."

지금껏 선생님의 말씀은 옳았으니 앞으로도 옳을 것이다. 다만, 한 가지 틀린 말씀이 있다. '시간만큼 위대한 것은 없다'는 말씀이다. 시간은 위대하지 않다. 우리 선생님을 이처럼 야위도록 만든 시간이 도대체 뭐가 위대한가.

"뭐가 되려고 하지 말게. 자네 잘하고 있네. 다 살게 되어 있네."

저 말씀이 나한테 남긴 유언이 되어버렸다. 나는 그렇게 살고 있는가?

맛있는 건 같이 먹도록 하게

집에 색다른 음식이 있거든
아무리 적어도 노소老少·귀천貴賤 간에
고루 나누어 먹음으로써
화기애애하게 하라.

이덕무

먹자, 선생님 맘을 몰랐네

며칠 전 친한 후배들과 종로에 있는 아귀찜 집에서 술을 한 잔 하고 온 적이 있다. 술에 잔뜩 취해서 들어가자 아내가 웃으면서 타박을 한다.

"왜 내가 먹을 건 안 사 왔어? 나도 아귀찜 좋아하는데?"

"아, 그게…."

"선생님이 아무리 좋은 말씀을 하시면 뭘 해. 제자가 듣지도 않는데…."

예전에 아내는 아귀찜을 좋아하지 않았다. 껍데기를 먹을 때 느낌이 물컹물컹한 게 이상하다고 했다. 그랬는데 이제는 아귀찜을 좋아한다. 사연이 있어서 그렇다.

십 년 전, 내가 박사학위를 취득했을 때의 일이다. 학위논문을 들고 대학 시절 은사이신 배상현 선생님께 인사를 드리러 갔다. 선생님은 문을 열고 들어서는 나를 보자마자 자리에서 일어나 내 앞으로 다가오셔서는 내 손을 잡고 꼭 안아주셨다.

"얼마나 고생이 많았는가. 이제야 내가 어디 가서 선생노릇 제대로 했다고 말할 수 있게 되었네. 고맙네. 뭐가 되려고 하지 말고 그저 열심히 하게. 뭐가 되고 되지 않고는 내 맘대로 할 수 있는 게 아냐."

"선생님, 제 논문, 그리 잘 쓴 게 아닙니다. 부끄럽습니다."

"아닐세. 우리 밥 먹으러 가세. 축하주도 한 잔 해야지. 아무 소리 말고 따라오게."

둘이서 지하철을 타고 동십자각 근처에 있는 아귀찜 집으로 갔다. 선생님이 주문을 하신다.

"여기 아귀찜 중자하고, 복분자술 한 병 주시오."

"어? 선생님, 술 안 드시잖아요."

"그래. 나는 술을 안 먹지. 그래도 오늘은 좋은 날이니 마셔야 지. 한 잔만 하겠네."

한 잔씩 마셨다.

"자네, 한 잔 더 하게."

"아, 아닙니다. 선생님도 안 하시는데, 선생님 앞에서 저만 얼굴 벌개지면 남들이 흉봅니다."

"그래. 그럼 자네 편한 대로 하게. 이보시오. 사장님!"

"네. 할아버지."

"아귀찜이 참 양이 많구먼. 고맙소. 이거 우리 둘이 다 못 먹 으니까 절반은 포장을 해주시오."

나는 속으로 '사모님 드리려고 하시나 보다' 생각했다.

식당을 나서는데 선생님은 아까 마시던 복분자술과 포장한 아귀찜 봉지를 나한테 건네셨다.

"나는 술을 안 하고, 내자는 아귀찜을 좋아하지 않네. 자네가 가지고 가게."

"아, 선생님, 사모님 드리려고 한 거 아니셨어요? 저는 괜찮아요. 선생님 드세요."

"아냐. 자네 내 말 좀 들어보게. 자네만 밖에서 맛있는 거 먹고 들어가 보게. 아이 엄마가 내색은 안 할 테지만 섭섭해하네. 늘 안사람을 잊어서는 안 되는 거야. 맛있는 건 내외가 같이 먹어야 정도 쌓이고 그러는 것이네. 혹시 나중에 자네가 맛있는 걸 먹었으면 집에 들어갈 때 빈손으로 가지 말고 뭐라도 사들고 가도록 하게."

"네. 선생님. 제가 선생님 뜻도 모르고…."

집에 왔다. 아내가 말했다.

"웬 아귀찜이야?"

"당신 먹으라고 선생님이 주신 거야."

"나 아귀찜 잘 안 먹는데…."

아내한테 선생님이 해주신 말씀을 옮겼다. 아내는 포장을 물끄러미 보면서 잠시 말을 하지 못했다.

"먹자. 선생님 맘을 몰랐네."

이때부터 아내는 내가 말하지 않아도 먼저 아귀찜을 먹으러 가자고 한다.

어려웠을 때를 잊어선 안 되는 거야

　선생님의 저와 같은 배려는 어디에서 비롯된 것일까? 선생님은 선비였기 때문에 아마 옛사람의 행실에서 본받으신 점이 있을 것이다. 조선 정조 시기의 이름난 학자 이덕무는 선비가 지켜야 할 소소한 예절이라는 뜻의 〈사소절〉이라는 글에서 이렇게 말했다.

　"집에 색다른 음식이 있거든 아무리 적어도 노소老少·귀천貴賤 간에 고루 나누어 먹음으로써 화기애애하게 하라."

이덕무, 《청장관전서》 〈사소절〉

　굳이 옛사람의 글을 읽지 않았더라도 이와 같이 하는 사람들이 적지 않다. 그러나 나처럼 저런 말을 읽고, 저런 행동을 하는 사람을 보고 있으면서도 대수롭지 않게 생각하거나 잊어버리는 사람들도 적지 않다. 가족의 화목은 사실 이처럼 작은 일을 실천하는 데에서 이루어진다는 생각을 하게 된다. 그걸 알면서도 막상 그 상황이 닥치면 잊어버린다. 아닌 게 아니라 내가 또 그랬다.
　몇 년 전, 스승의 날 언저리에 선생님께 인사를 드리러 갔다. 선생님께서는 이번엔 족발 가게에 가자고 하셨다. 내가 말했다.

"족발집이요? 선생님 식사하셔야죠. 밥을 먹는 게 낫지 않겠습니까?"

"그럴까? 그럼 밥 먹으러 가세."

전골 집에 들어갔다. 선생님은 메뉴판을 한참 보신다.

"날이 차니 국물 있는 거 먹게. 불낙전골로 시키게."

음식이 나왔다. 작은 걸 시켰는데도 양이 무척 많았다.

"이 양 좀 보게. 너무 많네. 이걸 둘이서 어떻게 다 먹겠나. 덜어서 포장을 좀 해달라고 해야겠네."

"아, 선생님. 많기는 한데요. 선생님 많이 드셔야죠. 조금 남으면 버리면 되잖아요. 김치가 많아서 그렇지 낙지하고 불고기는 얼마 안 됩니다."

"그래. 그럼 놔두지."

다 먹고 나니 잡채 부스러기와 김치 건더기가 조금 남았다.

"선생님, 저 잠시 전화 한 통만 하고 오겠습니다."

통화를 마치고 자리에 오니 하얀 비닐에 전골 국물이 담겨 있다. 기어이 포장을 하신 거였다.

"내 아까 족발집에 가려고 했지. 거기 가서 우리 먹을 거 먹고, 절반은 포장을 해서 자네 안사람 주려고 했지. 이건 내가 가지고 감세."

"제가 그 사이에 또 잊었네요. 선생님. 그런데 이 국물을 어떻게 드시려고….”

“내 말 좀 들어보게. 우리 못 먹고 못 살 적에 땅에 떨어진 낱 알갱이도 주워 먹지 않았는가. 이 아까운 음식을 어떻게 버릴 수 있겠는가. 어려웠을 때를 잊어서는 안 되는 거야.”

“제가 잘못했어요, 선생님.”

“아닐세. 자네 탓을 하려고 하는 게 아니야. 우리는 자존심이 있고, 체면이 있어서 옷맵시를 가다듬어야 할 때가 있네. 그러나 음식 앞에서는 그런 체면을 차려서는 안 되는 걸세.”

“….”

이처럼 작은 일에서 큰 가르침을 베풀어주신 분인데 불초한 나는 돌아가시고 한참 뒤에 별세 소식을 듣게 되었다. 돌아가시기 전, 병원에 계실 때 찾아뵌 뒤에 연락이 두절되어버렸다. 찾아뵙지 못한 죄는 두고두고 용서받지 못할 것이다.

선생님의 가르침이 다시 떠오른다.

“맛있는 건 내외가 같이 먹어야 정도 쌓이고 그러는 거야.”

“어려웠을 때를 잊으면 안 되네. 음식 앞에서는 체면을 차리면 안 되는 거야.”

가정뿐 아니라 사람과 사람의 관계는 무언가 대단한 도움을 주고받는 것보다 이처럼 일상에서 조금만 신경을 기울이면 할 수 있는 작은 배려가 꾸준히 이어져야 돈독해진다. 또한, 살아가면서 어려운 일과 마주했을 때 잘 극복하려면 평소에 검소하게 생활하는 버릇을 들여놓아야 한다는 가르침을 주신 것이다.

이덕무의 글에서 선생님을 떠올리며

이덕무도 선생님처럼 검소했으며, 청렴한 성품을 지니고 있었던 사람으로 알려져 있다. 이 사람이 남긴 〈사소절〉이라는 글은 그의 저서 《청장관전서》에 다섯 단원에 걸쳐 수록되어 있는데 선비뿐 아니라 부녀자나 어린이가 일상에서 행해야 할 일까지 매우 구체적으로 밝혀놓았다. 일반적으로 이전까지는 이런 일상의 예절만을 주제로 삼은 글은 많지 않았으므로 이덕무의 〈사소절〉은 당대에 단행본으로 출간될 만큼 큰 주목을 받았다고 한다.

"대장부가 거처와 음식을 어찌 늘 호화롭고 정결하게만 할 수 있겠는가?"

"아무리 나쁜 의복이나 음식일망정 조금도 싫어하거나 부끄러워하는 마음이 없어야 한다."

"돌아가신 어머니께서는 우리 형제자매를 기를 때에 음식을 절약해서 먹게 하셨다. 그런 때문에 우리 네 형제자매는 자라서도 남보다 지나친 욕심이 거의 없었다."

이덕무, 《청장관전서》〈사소절〉

실제로도 그러했을까? 이덕무의 친구였던 연암 박지원은 이렇게 말했다.

어떤 이가 이덕무에게 선비의 본분이 무엇이냐고 물으니, 이덕무는 "집에서 부모에게 효도하고, 밖에선 어른에게 공손하며, 낮에는 밭을 갈고, 밤에는 글을 읽는 일뿐"이라고 대답했고, 또 일을 살필 때 무엇을 우선으로 해야 되느냐고 물으니, "분을 징계하고 욕심을 막고 음식을 절제하고 말을 삼가면 된다"고 대답했다.

이덕무, 《청장관전서》 간본〈아정유고雅亭遺稿〉8, '행장行狀'

박지원뿐 아니라 역시 이덕무의 친구이자 당대의 유명한 문인이었던 이서구李書九(1574~1825)도 같은 말을 남겨 놓았다.

산 아래에 우레가 있는 것이 이괘頤卦이니, 군자君子는 이를 보고 언어를 삼가고 음식을 절제한다.

이頤는 '턱'이라는 뜻이다. 이괘의 풀이에 따르면 사람은 턱을 통해 입을 벌려서 말을 하거나 음식을 먹으니 이 괘를 보고 조심해야 한다고 했다. 그럼 자제해야 할 것이 많은데 무엇 때문에 가장 먼저 '음식'을 말했을까? 음식은 몸의 건강과 직결되는 것이기 때문이 아닌가 한다.

이덕무뿐 아니라 많은 선비 역시 이런 사실을 잘 알고, 실천하려 했을 것이다. 그러나 절친한 친구들이 한목소리로 이덕무의 행동을 말하는 것을 보면 이 사람은 좀 더 절제하지 않았는가 한다. 차례차례 읽어보니 이덕무가 이 시대에 살았으면 선생님과 좋은 벗이 되었을 것 같다.

이덕무의 글은 이와 같은 선생님의 뜻이 선생님 한 분, 특정 시기에 제한되는 것이 아니라 면면히 이어져왔음을 보여주는 예라 하겠다. 다만 쉬워 보이지만 막상 실행을 하려면 마음먹은 대로 되지 않는 것이 바로 이런 것이 아닌가 한다. 여전히 밖에서 맛있는 걸 먹고선 집에 빈손으로 오며, 조금만 어려운 일이 있어도 힘들어하며, 선생님과 같은 검소한 삶의 근처에도 가지 못하고 있다. 그래도 평생 선생님의 말씀을 잊지 않고 가르쳐주신 대로 살아가도록 노력하리라 마음먹는다.

차
분
해
야

성
취
한
다

사람은 모름지기

원대하고 고요한 기상이 있어야

많은 도리道理를 실을 수 있다.

조급하고 가벼운 사람은

비록 한때 생각이 있더라도

쉽게 소진되어 일을 맡을 수가 없다.

이상정

중요한 일에는 마음을 비우고 준비해야

1학년 때부터 알고 지내던 학생이 4학년이 되어 우연히 내 강의를 듣게 됐다. 군대에 갔다 오고, 중간에 휴학도 해서 어느덧 20대 후반이 되어 있었다. 이 학생에 대해 다 알지는 못하지만, 무척 차분한 성정과 성실한 태도를 지닌 친구라는 생각이 들었다. 그런데 취업이 되지 않아 마음고생을 하고 있었다.

팔이 안으로 굽어서 그런 것일 텐데, 나는 이 학생이 뭐가 되어도 될 것 같다는 생각이 들었다. 이렇게 차분하고 성실한 친구가 안 되는 게 이상하지 않은가. 이래서 가끔 나한테 힘들다고 이야기할 때마다 잘될 거니까 마음 편하게 준비하라고 했다. 어느 날 수업을 마치고 잠시 마주 앉았다.

"선생님 말씀대로 마음 비우고 준비를 하는데요. 두어 군데 최종까지 올라가니까 욕심이 생겨요. 더 좋은 데 가고 싶기도 하고…. 그런데 같이 준비하는 친구들한테 미안해서 그런 말을 못하겠어요. 살짝 던져봤는데 눈을 낮추라고 하더라고요."

"그렇겠지. 자기네들은 올라가지 못했으니 그렇게 말할 수 있겠네."

"제가 초심을 잃고 들뜨는 건 아닌지 모르겠어요. 막상 최종까지 가니까 욕심이 생기네요."

"하하 우리가 수행하는 사람도 아닌데 뭘 그런 거 갖고 자책을 하냐. 더 좋은 데 가고 싶은 마음이 생기는 건 당연한 거 아닌가?"

"그렇게 말씀해주셔서 고맙습니다."

"고맙긴. 나 같아도 욕심이 날 거 같으니 이런 말을 하는 거지 뭐. 너 지금은 아무것도 결정된 게 없으니깐 초조하지?"

"네. 조금….”

"나중에 어디에 합격을 하면 어깨에 힘도 주고, 후배들한테 큰소리도 좀 치고 그래. 한 번 그러는 건 괜찮아."

"하하, 마음이 편해지네요."

"내가 너였다면 지금 엄청 떨고 있을 거야. 남의 일이니깐 이렇게 쉽게 이야기하고 있네. 하하. 잘은 모르겠지만, 무슨 일을 앞두고 생각을 많이 하면 정작 그 일을 할 때 힘이 빠져서 못하는 경우가 있는 것 같더라. 그러지만 않으면 될 것 같네. 너는 차분하니까 다 잘될 거다."

"그랬으면 좋겠네요."

"내 보기에 지금 너한테 필요한 건 눈을 낮추는 게 아닌 거 같아. 쉽지 않겠지만, 두어 군데 올라갔다는 생각을 버리고 한 곳 한 곳 집중해야 할 거 같다. 욕심은 된 다음에 부릴 수 있잖아. 그리고 네가 합격하면 다른 사람들은 떨어지는 거잖아?"

"네. 그렇죠."

"그 친구들한테 어떤 맘이 들 거 같아?"

"미안하죠."

"그게 큰 장점이야. 진 사람한테 미안해하는 그 마음이. 차분하니까 네가 힘든 상태인데도 남까지 보잖아. 너는 이번에 될 거니까 걱정마라. 네가 되고 나서 고생했을 때를 잊고선 당연하다고 생각하는 게 초심을 잃는 일이 아닐까 싶어."

"선생님은 저를 너무 잘 봐주시는 거 같아요. 하하."

"잘 보는 게 어디 있냐. 나보다 나으니 낫다고 하는 거지. 나중에 합격하면 밥이나 사라."

조급한 마음을 제어해야 일에 이루는 것이 있다

말은 저렇게 해놓았지만 속으론 불안했다. 그저 조금이라도 힘을 얻어서 잘해주기를 바랐다. 이 친구 말고도 세상엔 차분한 사람이 많겠지만, 그래도 차분하니까 될 것이라고 믿었다. 들뜨는 것보다는 차분한 게 낫다. 아무래도 실수가 줄어들기 때문이라고 하겠다.

옛사람들도 대부분 차분하려고 했고, 차분해야 한다고 했다.

〈관동별곡關東別曲〉, 〈사미인곡思美人曲〉으로 널리 알려진 송강松江 정철鄭澈(1536~1593)의 넷째 아들이자 대사헌大司憲, 대제학大提學 등 주요 관직을 역임한 기암畸庵 정홍명鄭弘溟(1582~1650)은 이런 말을 남겼다.

> 안정된 사람은 조급하고 경솔한 마음을 제어할 수 있다. 그러므로 일에 이루는 것이 있다. 허황하고 실제가 없는 사람은 분쟁만을 일삼는다. 그러므로 끝내는 실효가 없게 된다. 세상 사람들은 자신을 자랑하는 사람을 좋아하고, 청정함을 유지하며 바라는 것이 없는 사람을 싫어하여 사람에게 일을 맡길 때 안정된 사람을 버리고 허황된 사람을 취하고는, 끝내 나라를 잘못되게 하고 일을 그르치는 자가 앞뒤에 서로 이어져도 뉘우칠 줄 모른다. 오늘날에도 이런 부류가 많다.
> 《대동야승大東野乘》〈기옹만필畸翁漫筆〉

정홍명은 아버지인 정철의 명성이 워낙 높아서 현재 아주 많이 알려진 사람은 아니다. 그러나 대제학이라는 벼슬이 말해주듯 문학 방면에 뛰어났다. 대제학은 영의정과 같은 정승의 반열은 아니지만, 나라의 글을 담당하는 자리이므로 문관들은 대제학이 되는 것을 최고의 영광으로 여겼다. 정홍명은 이런 자리에 있었던 사람이므로 선비들 사이에 명망이 높았다. 특히 문장에 뛰어나 선비들에게 '한문사대가漢文四大家(문장이 뛰어난 네 명의 대가)'로 불렸던 계곡 장유와는 절친한 친구였는데, 장유는 정홍명을 이렇게 평했다.

> 그가 관할했던 지역엔 가벼운 옷 입고 느슨하게 띠를 매고 살았던 그의 맑은 여운이 여전히 남아 있다.
>
> 장유,《계곡집》〈차수원객관운화기옹호행록次水原客館韻和嵜翁湖行錄〉

'가벼운 옷을 입고 느슨하게 띠를 맸다'는 것은 중국 삼국시대 진晋나라의 장수 양호羊祜의 모습을 가리킨 말이다. 양호는 장수이면서도 진영에 있을 때 저런 옷차림으로 있으면서 갑옷도 입지 않았고, 자신을 호위하는 병사도 십여 명 밖에 두지 않았다고 한다. 정홍명은 수원에서 병마兵馬와 백성을 다스린 적이 있었다. 이때 정홍명은 그 옛날의 양호처럼 이곳 사람들을 너그럽게 다스렸다는 말이다. 이 한 줄을 통해 정홍명은 무척 차분한 사람이었을 것으로 짐작해볼 수 있겠다.

그러나 차분한 사람이라고 모든 일을 다 성취하는 건 아니다. 이래서 '이루는 것이 있다'고 한 것이겠는데, 바꿔 말하면 그 반대의 사람은 이루는 게 없다고 할 수 있겠다. 그런데도 세상 사람들은 차분한 사람보다는 외향적이고 말을 잘하는 사람을 좋아하는 경우가 많다. 이런 사람들 중에도 차분한 성정을 지닌 사람이 없지는 않겠지만, 아무래도 확률상 많지는 않을 것으로 짐작한다. 정홍명은 차분하지 못한 사람은 작은 일을 그르칠 뿐 아니라 나라까지 망칠 수 있다고 주장했다. 그만큼 차분한 상태를 유지하는 게 좋다는 뜻으로 이해하면 될 듯하다.

한편 조선 후기의 실학자로 많은 저서를 남긴 혜강 최한기는 이렇게 말했다.

> 총명하고 통달한 사람은 지나치게 살피는 일을 경계해야 하고, 견문이 넓지 못하고 적은 사람은 막히는 것을 경계해야 하며, 용감하고 강한 사람은 지나친 난폭함을 경계해야 하고, 어질고 따뜻한 사람은 결단력이 없는 것을 경계해야 하고, 고요하고 편안한 사람은 시기를 잃어버리는 일을 경계해야 하고, 마음이 넓고 도량이 큰 사람은 깜빡 잊어버리는 일을 경계해야 한다.

최한기, 《기측체의氣測體義》〈추측록推測錄〉 권3 '양성陽性'

좋은 성정을 지니고 있어도 거기에 지나치게 갇혀 있으면 이와 같은 부작용이 생길 수도 있으니 조절을 잘해야 한다는 말이 아닐까 한다. 이런 말까지 염두에 두고 있어야 비로소 생각의 균형이 잡힐 듯하다. 그러나 이와 같은 성찰을 하기 위해서는 역시 차분한 마음이 필요하다고 하겠다.

원대하고 고요한 기상이 있어야

며칠 뒤에 이 친구하고 또 마주 앉았다.

"오늘 한 군데 발표 나는데, 일찍 난다고 하더니 소식이 없네요."

"초조하지?"

"네."

"어휴. 그 맘 알거 같아. 나는 먹고 사는 게 걸린 것도 아닌 대학원 시험 볼 때도 초조했는데, 너는 오죽하겠냐."

"마음 편히 먹으려고 하는데 잘 안 되네요."

"안 되는 게 정상인데 뭘. 하하. 네가 잘난 걸 너만 모르고 있네? 될 거니까 걱정 말고 기다려보자. 좀 있다 발표나면 문자 보내줘."

"네…"

얼마간의 시간이 지난 뒤에 문자 메시지가 왔다.

"선생님 조언 덕분에 최종 합격했어요. 고맙습니다. 수업 시간에 뵐게요."

"거 봐. 될 거라고 했잖아. 나는 조언한 적 없어. 네 실력과 인품 덕으로 된 거야. 이제 기말고사 준비해야지 응? 하하, 축하드려요."

"헉? 크크. 알겠습니다."

정작 이런 말을 해준 나는 차분한가? 그렇지 못하다. 무슨 일만 닥치면 잡생각을 더 하고, 결과를 앞두고 지나치게 초조해한다. 그러다가 일을 그르친 적이 많아서 이 친구는 그러지 않기를 바랐고, 옛사람의 글을 읽으면서 노력이라도 하려고 할 뿐이다. 같은 값이면 다홍치마라고 급한 것보다는 차분한 게 낫다. 조선 후기, 영남에 살면서 퇴계 이황의 정통 학맥을 이은 대산大山 이상정李象靖(1711~1781)의 짧지만 강력한 한마디를 읽어본다.

사람은 모름지기 원대하고 고요한 기상이 있어야 많은 도리道理를 실을 수 있다. 조급하고 가벼운 사람은 비록 한때 생각이 있더라도 쉽게 소진되어 일을 맡을 수가 없다.

이상정,《대산집大山集》권38〈잡저雜著〉

그 쯤에서
만족해도 된다

천하에 도道가 있으면
달리는 말을 되돌려 거름 주는 일에 쓰고,
천하에 도가 없으면
군마가 들판에서 새끼를 낳으니
만족을 모르는 것보다 더 큰 재앙이 없고,
얻기를 바라는 것보다 더 큰 허물이 없다.
그러므로 만족을 아는 데에서 오는
만족이 영원한 만족이다.

노자

욕심을 버리고 만족하는 마음

흔히 '사람 욕심은 끝이 없다'고들 한다. 가진 게 없을 땐 조금만 가져도 좋겠다고 생각하다가 막상 조금 가지게 되면 더 가지고 싶은 게 사람의 마음이다. 그러나 세상일은 내 맘대로 되지 않는다. 욕심을 채우지 못하면 화를 내게 되고, 그 화가 지나치면 자신과 남을 해치는 지경에 이르는 것이다. 이래서 예나 지금이나 '욕심을 버려라', '만족할 줄 알라'는 말을 하는 사람들이 많다. 그만큼 욕심을 버리기가 쉽지 않다는 반증이겠다.

나도 그랬다. 첫째 아이는 논술 전형을 통해 어느 대학의 미디어커뮤니케이션 학부에 입학했다. 시험을 보기 전에는 합격하기만을 바랐는데, 막상 합격을 하자 딴 생각이 나기 시작했다. 이듬해에 더 레벨이 높은 학교에 도전해도 될 것 같았다. 그러나 일부러 권하진 않았다. 그러던 어느 날 아이와 우연히 이야기할 기회가 생겼다. 아이가 대뜸 말했다.

"아빠, 나 우리 과 선배들하고 친해졌어."

"그래? 좋은 일이지."

"몇 명 알게 됐는데 말을 높이니까 말을 놓으라고 하면서 부담 없이 대해줘."

"오, 그래? 그러기 쉽지 않을 텐데?"

"안 그래도 선배들이 다른 학교나 다른 과하고 다르다는 말을 하더라고."

"그러게. 어딜 가든 어떤 사람을 만나느냐가 중요한데 그렇게 격 없는 사람들이 많은 걸 보니 너희 과 분위기가 좋은가 보네."

"맞아. 아직 더 지내봐야 아는 거긴 한데, 친구들이나 선배들이나 다 좋아서 학교 생활 재미있게 할 거 같아."

즐겁게 다니고 있다는 말을 들으니 기분이 좋아졌다. 내가 말을 이었다.

"저번에 네가 그랬잖아. 너희 학교는 학생 만족도가 높아서 학생들이 다른 학교로 잘 빠져나가지 않는다고. 그런 분위기 덕도 있는 거 같네?"

"응. 그런 것도 있는 것 같아. 그리고 우리 학부 전용 스튜디오도 있는데 시설도 정말 좋아."

"그래. 네가 그렇게 만족한다니 다행이다. 그런데 아빠가 잠시라도 더 높은 레벨의 학교를 생각했던 게 좀 미안하기도 하고 그러네."

"뭐 그럴 수도 있지. 나는 만족이야."

가끔 주변을 보면 좋은 학교에 가고도 그에 만족하지 않고 재수를 선택하는 학생들이 적지 않은데 아이는 그렇지 않아서 다행이라는 생각이 들면서도 마음 한 구석에서는 '애가 너무 욕심이 없는 건 아닌가?' 걱정하는 마음이 일어나기도 했다. 그러나 순간 마음을 바로잡았다. 만약 아이나 내가 욕심을 부렸는데 결과가 생각대로 나오지 않는다면 어떻게 할 것인가. 우선 결과에 대한 두려움이 있었고, 그 이후에 얻게 될 상처까지 생각하지 않을 수 없었다.

이래서 옛사람들은 욕심을 버리라고 한 게 아니었을까 한다. 중국 사상의 한 축을 이루는 도가道家 사상가 노자老子는 이렇게 말했다.

> 천하에 도道가 있으면 달리는 말을 되돌려 거름 주는 일에 쓰고, 천하에 도가 없으면 군마가 들판에서 새끼를 낳으니 만족을 모르는 것보다 더 큰 재앙이 없고, 얻기를 바라는 것보다 더 큰 허물이 없다. 그러므로 만족을 아는 데에서 오는 만족이 영원한 만족이다.
>
> 《노자老子》 46장

'천하에 도가 있다'는 건 세상이 별 탈 없이 잘 돌아가고 있다는 뜻이다. 이런 상태에선 사람들이 자신의 삶에 만족하고 있으므로 살고 있는 곳을 떠나려는 마음이 없어져 말을 농사에 쓴다는 것이다. 반대로 '천하에 도가 없다'는 것은 삶에 만족하지 못하여 남의 것을 빼앗으려 들면서 전쟁을 일으키기 때문에 말이

들판에서 새끼를 낳게 된다는 말이다. 그러므로 군주는 사람들이 삶에 만족할 수 있는 정치를 하라는 뜻을 담고 있는 글이다. 여기에서 '만족을 안다'는 것은 가진 것의 양과는 관계없이 스스로 만족함을 느끼는 것을 뜻한다. 이처럼 약간은 정치적인 색채가 있는 말이지만, 이를 사람의 삶에 적용해서 읽어도 무방하다고 생각한다.

사람은 상황에 따라 산다

아이와 대화를 이어간다. 내가 말했다.

"네 이야기 들으니까 며칠 전에 아빠 이종사촌 형님 만났던 일이 생각나네."

"뭔데?"

"형님 둘째 딸 이야기를 들었는데, 걔가 정말 대단한 아이더라고."

"뭐가 대단해?"

"네가 알지 모르겠다만, 아빠 이모하고 형님하고 참 어렵게 사셨어. 지금도 넉넉하진 않고."

"응. 그런데?"

"그런데도 둘째는 혼자서 자기 꿈을 설계하고 공부해서 독일까지 가서 대학을 졸업했어."

"오, 그래?"

"중학교 때 건축디자인을 해야겠다고 마음먹고, 성적에 맞는 대학에 가려고 실업계로 진학을 해서 성적을 딴 다음에 수시로 대학에 갔단다."

"우와, 중학교 때? 진짜 빠르다. 정말 대단하네."

"그게 전부가 아냐. 대학교 2학년 때, 독일어를 독학해 가지고 독일 가서 대학을 졸업했는데, 아까 말한 것처럼 집이 넉넉하지 못했잖아. 밤에 빵공장 다니면서 돈 벌었다고 하더라고. 형님도 없는 월급에 보태줬고."

"정말 대단하네. 감동이다. 감동."

"그렇지? 그런데 아빠는 딸아이한테도 감동했지만, 형님한테 더 감동했고 고마운 마음이 들었어."

"왜?"

"형님 말씀을 다 듣고는 아빠가 농담 반으로 '우리 딸아이들이 걔 십 분의 일만 닮았으면 좋겠다'고 했어. 꼭 너희들하고 비교를 하려고 그랬던 게 아니라, 그만큼 걔가 대단하다고 칭찬을 한 거였어."

"그렇지. 그렇게 말해도 될 만큼 대단한데? 하하?"

"그래. 그런데 형님이 정색을 하는 거야. 나한테 '너 어디 가서 그런 말 하지 말고, 네 딸아이들한테도 그런 말 하지 마라'고 하더라고."

"왜?"

"사람은 다 상황 따라 사는 거라고 하더라. 자기 형편이 안 좋으니 딸은 거기에 맞춰서 노력한 거고, 가진이 너도 아빠 형편에 맞게 사는 것일 뿐인데 그렇게 비교를 하면 네 기분이 나쁘지 않겠냐는 거야."

이 말을 들은 아이는 잠시 말을 하지 못했다. 내가 말했다.

"이러니 아빠가 감동을 하겠어, 안 하겠어?"

"완전 감동이지. 정말…."

"그래서 아빠가 그 자리에서 그랬어. 형님 말씀 잘 알겠다고."

아닌 게 아니라 형님 말씀을 들으면서 참으로 깊은 감명을 받았다. 형님의 이런 생각은 어디에서 비롯되었을까? 성호 이익의 제자로서 평생 어렵게 살면서도 청렴하게 살다간 무명자 윤기는 이런 말을 남겼다.

사람이 빈천한 지경에 처하면 반드시 나보다 못한 사람을 생각해서 그보다 나은 것을 다행으로 여겨야 하고, 나보다 나은 사람을 부러워해서 그보다 못한 것을 부끄럽게 여겨서는 안 된다. 한번 부끄러

위하는 마음이 생기면 반드시 절제가 없는 데에 이르고, 그렇게 되면 반드시 못할 짓이 없는 지경에 이르게 될 것이다.

윤기, 《무명자집無名子集》〈서벽자경書壁自警〉

윤기는 남 탓을 하지 않고 자신이 처한 환경에서 최선을 다하며 살아야 한다고 했다. 그렇지 않으면 결국 자신을 해치는 결과가 올 것이라고 하면서 스스로 마음을 다잡았다. 형님의 말과 정말 유사하다. 이런 걸 보면 옛사람의 생각이 지금까지 면면히 이어지고 있지는 않은가 하는 생각이 든다.

만족과 체념은 같지 않다

형님이나 윤기의 말을 보면 맞는 말이긴 한데 어딘가 마음에 걸리는 게 있는 것 같다. 아이와 대화를 하면서 풀어가기로 했다. 내가 말했다.

"형님의 말을 안 좋게 생각하면 운명론에 빠졌다고 할 수도 있어. 그렇잖아. 다 생긴 대로만 사는 거라고 말할 수 있는 거잖아. 그치?"

"그렇지."

"그런데 그걸 그렇게 생각할 수만은 없는 게, 어떤 면에선 욕심 부리지 않고 만족할 줄 안다는 거잖아. 이게 정말 대단한 거 같네. 아빠는."

"맞네."

"그래서 아빠가 반성을 하게 되더라고. 너만 해도 그래. 저번에 너 아빠랑 둘이서 공연에서 노래했잖아. 아빠는 좀 아쉬웠어. '연습을 더 했으면 좋았을 텐데' 하는 마음이 들었어. 그런데 너는 연습할 때보다 공연에서 좋았으니까 만족한다고 했잖아."

"그랬지. 맞아."

"그리고 너 합격하고선 학교 이름 높으면 좋긴 한데, 이만하면 만족하고, 여기에서 잘하면 된다고 했잖아."

"응. 그러면 되지 않나?"

"맞아. 그러면 되는 거야. 아빠처럼 생각하는 게 꼭 틀린 건 아니지만, 너처럼 생각하면서 사는 것도 좋을 것 같네."

얼마를 가져야 만족할 수 있을까. 사람마다 다를 것이다. 어떤 사람은 누가 봐도 많이 가지고 있으면서도 만족하지 못해서 마음 아파하고, 또 어떤 사람은 매우 어려운 환경에서도 즐겁게 살아간다.

큰아이와 형님은 어찌 보면 후자에 가까운 사람이라고 하겠다. 어떤 삶이 좀 더 바람직한가는 일부러 말하지 않아도 알 수

있을 것이라고 믿는다. 윤기가 남긴 시 한 수를 읽으며 마음을 가
다듬는다.

맛있는 음식도 늘 먹으면 싫증을 느끼고

가죽옷도 오래 입으면 온기가 없어지니

그보다는 대나무 창 아래에서

나물 먹고 햇볕 쬐는 게 낫지.

윤기, 《무명자집》 1책, 〈우음절구偶吟絶句〉

III

사회성

충고할 때
필요한 것

사람 마음은 칭찬 받는 것을 좋아하고,
꾸중 듣는 것을 싫어한다.
이래서 친구가 서로 권면할 때,
확실히 나무랄 게 없다는 걸 알았다면
입 밖에 내려 하지 않는다.
하물며 임금과 신하 사이에는
작으면 총애를 잃고, 크면 죽임을 당하니
진심으로 요구하지 않는다면, 사람들이 무엇 때문에
자기를 해치는 일을 하려 하겠는가?

이익

높은 점수는 주기 어려워

첫째 아이는 모 대학 미디어영상 관련 학과에 재학하고 있다. 어느 날 저녁, 아이가 노트북을 들고 식탁으로 왔다.

"이거 내가 연출한 영상인데 한번 봐줘."

"무슨 내용인데?"

"서울대입구역에서 서울대 정문까지 가는 데 몇 걸음이 필요한지 세어봤어."

"하하, 별 걸 다 하네?"

"하하, 일단 한번 보고 느낌을 말해줘."

영상 속 출연자들이 이런저런 이야기를 나누면서 걷는다. '만보기'라는 기계를 들고 걸었는데 모두 786걸음이 나왔다. 내가 말했다.

"어? 생각보다 많이 안 나왔네?"

"그렇지? 우리도 놀랐어. 천천히 걷긴 했지만, 20분 넘게 걸렸거든."

"그런데 아빠는 좀 이해가 안 되는 게 있어."

"뭐가?"

"786걸음이 나왔으면, 우선 출연자가 '786걸음이 나왔다'는 사실을 강조해줘야 될 거 같은데 '어? 만보기가 고장 났나?' 이렇게 말하잖아."

"아, 그 말은 생각만큼 많이 나오지 않았다는 뜻인데?"

"그래? 아빠는 출연자가 그렇게 이야기하는 걸 듣고 '왜 저런 이야기를 하지?' 했거든. 출연자들이 진짜 만보기가 고장 난 것처럼 이야기를 했잖아."

듣고 있던 둘째 아이가 한마디 한다.

"그건 아빠가 이해를 못 한 거 아냐? 나는 딱 보니까 이해되던데?"

"그럴 수도 있겠지. 하지만 누구나 영상을 보고 사실을 정확히 파악해야 하잖아. 그 사실을 전달하는 방식이 아빠가 보기엔 분명하지 않아서 혼선이 생겼다는 거야."

"저걸 왜 이해를 못하지?"

"하하, 아빠가 센스가 딸리나 보다. 그건 인정할게. 그런데 이 영상을 보는 사람이 백 명이라고 치면 그중에 아빠 같은 사람도 있지 않겠어?"

"그렇지."

"그럼 영상을 만든 사람이 아빠처럼 이해를 못하는 사람을 보고 '당신 센스가 부족해서 그렇다'고 하면 안 되는 거지?"

큰아이가 대답했다.

"그렇지. 전달한 우리한테 문제가 있는 거지."

"그래. 그 이야기야. 모든 사람을 만족시킬 순 없는 거지만, 모든 사람한테 정확한 정보를 줄 수는 있는 거잖아. 그 정보를 신뢰할 수 있도록 해주는 게 만보기인데, '만보기는 멀쩡하다'는 말을 생략하고 '어? 만보기가 고장 났나?' 하면서 스스로 근거를 믿지 않는 것처럼 말하니까 아빠는 '어? 저게 뭐지?' 한 거야. 이렇게 생각할 수도 있지 않나?"

"응. 그래. 그렇게 생각할 수 있겠네."

"응. 그래서 아빠는 너희 팀이 고생을 많이 했다는 건 알겠지만, 높은 점수는 주기 어렵고, 좀 더 명확하게 전달하는 방법을 찾았으면 좋겠다고 생각해."

큰아이가 고개를 끄덕인다.

칭찬을 좋아하는 사람의 마음

큰아이와 이야기를 마치고 나서 강의 준비를 하느라 고전을 살펴보다가 우연히 이런 구절을 만났다.

사람 마음은 칭찬 받는 것을 좋아하고, 꾸중 듣는 것을 싫어한다. 이래서 친구가 서로 권면할 때, 확실히 나무랄 게 없다는 걸 알았다면 입 밖에 내려 하지 않는다. 하물며 임금과 신하 사이에는 작으면 총애를 잃고, 크면 죽임을 당하니 진심으로 요구하지 않는다면, 사람들이 무엇 때문에 자기를 해치는 일을 하려 하겠는가?

이익,《성호사설》 권16 〈인사문〉

역사를 공부하다 한 번쯤 들어보았을 조선 후기의 학자 이익의 글이다.《성호사설星湖僿說》에서 '성호星湖'는 이익의 호號이고, 사설僿說은 '소소한 이야기'라는 뜻인데, 이익이 자신의 관심사나 평소 생활 속에서 느낀 점들을 수시로 기록해둔 것이다. 잡다한 이야기를 쓴 것이므로 애초에 책으로 엮을 계획은 없었는데 만년에 책으로 만들었다고 한다. 워낙 관심사가 다양해서 후대 사람들은 이 책 안에 이익의 사상이 많이 들어 있다고 평가했다. 이 책 덕분에 이익은 기존의 엄격함을 강조하는 유학자가 아니라 상대적으로 개방적인 실학자로 널리 알려지게 되었다.

그러나 이익은 퇴계退溪 이황李滉(1501~1570)을 스승으로 여기는 남인南人 계열의 정통 유학자였다. 자식이나 제자들이 남긴 글을 보면 이익은 자신에게 매우 엄격한 사람이었으며, 제자들도 엄하게 대했다고 한다. 후세에 이름을 남긴 위인들이 대개 그러하듯 총명한데다 노력도 게을리 하지 않았다고 전해진다. 이럴 경우 과거를 봐서 벼슬을 하는 수순으로 가는 게 보통인데 이익은 초시初試(처음으로 보는 시험)에 응시하였을 뿐, 이후 과거에 응시하지 않고 재야에서 학문을 연구하면서 생을 마쳤다.

이렇게 된 이유가 있다. 당시 조선의 조정은 남인과 적대 관계에 있던 노론老論이 장악하고 있어서 이익은 벼슬에 나갈 수가 없었다. 거기에 자신에게 글을 가르쳐준 둘째 형 이잠李潛(1660~1706)은 노론과 각을 세우다 잡혀가서 심문을 받던 도중에 죽었다. 앞서 아버지인 이하진李夏鎭(1628~1682) 역시 임금에게 바른 말을 하다가 미움을 받아 유배를 가서 유배지에서 죽었다. 이런 일을 겪으면서 이익은 세상에 나아갈 뜻을 접었다고 한다. "임금과 신하 사이에는 작으면 총애를 잃고, 크면 죽임을 당한다"는 말 속에는 이와 같은 이익의 경험이 녹아들어 있다고 볼 수도 있다.

이런 배경을 염두에 두지 않고 보더라도 이익의 말은 주목할 만한 가치가 있다. 옛날과 지금은 모든 면에서 다르지만, 칭찬을 좋아하는 사람의 마음은 예나 지금이나 별반 다를 게 없기 때문이다. 다만 잘하지 못하는데도 칭찬만 한다면 그 사람은 발전하기 어려우므로 예나 지금이나 어딜 가든 충고를 하는 사람이 있는 것이다. 옛사람들은 친구끼리 반드시 충고를 주고받아야 하고, 아래든 위든 충고할 일이 있으면 기탄없이 하라고 가르쳤다.

그러기 위해 명심해야 할 것이 있다. 충고할 일이 없으면 당연히 하지 말아야 하고, 상대가 충고해주기를 바랄 때 해야 한다. 그러나 많은 사람은 상대의 의사와 상관없이 충고하는 경우가 많다. 그렇지 않으면 요즘엔 임금과 신하 관계는 없으나, 심하면 목숨을 잃을 수 있다. 부모 자식 사이는 벌어지고, 친구 관계는 소원해진다. 공자도 이렇게 말했다.

> 제자인 자공子貢이 벗을 사귀는 방법에 대하여 질문하니 공자가 대답했다. "진심으로 말해주고 잘 이끌어주되, 되지 않으면 그만두어서 스스로 욕을 당하는 일이 없도록 하는 것이다."
>
> 《논어》〈안연顏淵〉

갑자기 큰아이에게 미안한 생각이 들었다. '아이는 이제 대학 1학년이고, 휴일인데도 무거운 카메라를 들고 가서 열심히 했는데 내가 좀 심하게 뭐라고 했나? 괜히 미안하네. 뭐라고 해야 되지?' 내가 아이한테 해준 말은 충고라기보다는 의견에 가까웠고, 아이가 먼저 말을 해보라고 해서 했을 뿐이다. 아니다. 사실 이건 나의 변명일 뿐이라는 것을 솔직히 인정하자. 아이는 '느낌'을 말해달라고 했는데 나는 '평가'를 했으니, 동문서답을 한 셈이고, 아이가 바라는 것 이상의 말을 해버린 것이다.

아이가 내 말을 듣고 마음이 상했을 수도 있다. 더 문제인 것은 '애는 자식이고 나는 부모니까 이 정도의 충고는 해줄 수 있다'고 멋대로 생각해버렸다는 사실이다. 더구나 나한테는 아이의 전공에 대한 지식도 없다. 이건 내 잘못이다.

충고할 자격과 준비를 갖추어야

다시 큰아이와 마주 앉았다.

"가진아, 아빠는 아빠 글을 쓰지만, 비평도 하거든. 이게 버릇이 돼서 너한테 뭐도 모르면서 몇 마디 한 것 같네? 혹시 마음 상했냐?"

"아니? 그런 걸로 왜 마음이 상해?"

"아, 그렇다면 다행인데, 너 고생했는데 아빠가 칭찬은 안 해주고 비판만 한 것 같아서 그러지."

"하하, 괜찮아. 선배들이 지적하는 것에 비하면 아빠 말은 아무것도 아냐."

"선배들이 많이 지적하냐?"

"그럼. 엄청나게 뭐라고 하지."

"기분 안 나쁘냐? 겨우 한두 살 차이 나는 사람들이 뭐라고 하는 건데?"

"기분 나쁘면 안 되지. 우리한테 뭐라고 하는 게 아니라 우리가 만든 영상의 문제점을 짚는 거잖아. 한두 살 차이가 나도 우리보다 경험이 많잖아. 지적해주면 수긍하게 되고, 정말 많은 도움이 돼. 그 지적을 기억하고 문제점을 줄여나가야지."

"아이고, 아빠가 도리어 부끄럽다."

"하하, 아냐."

처음부터 아이는 나한테 '의견'을 구했을 뿐, 지적이나 충고를 해달라고 하지는 않았다. 부모 자식 사이에 이 정도는 해도 된다는 생각을 한 것도 잘못인데, 그 방면에 지식도 없으면서 당당하게 '의견'을 빙자한 평가를 하고도 뭐가 문제인 줄 몰랐던 것도 잘못이다. 아이가 말한 걸 보면 이런 것까지 포함한 것으로 보이지만, 내가 조금 성급하게 비판부터 하지 않았는가 하는 생각이 들었고, 그 때문에 미안했다는 말이다.

입장을 바꿔서 아이한테 내 글을 읽은 느낌을 말해달라고 했는데, 아이가 문체나 주제를 문제 삼으며 고치라고 했다면 어땠을까 하는 생각이 든다. 아마 나는 뭔 소리 하는 거냐고 하면서 눌러버렸을 가능성이 크다. 심한 경우 화를 냈을지도 모른다. 그러나 아이는 내 평가에 수긍했고, 나한테 이의를 제기한 동생한테도 오히려 '전달한 우리한테 문제가 있다'고 하면서 자신을 돌아보는 태도를 보여주었다. 나보다 낫다는 생각이 드니 안심이 되기도 하고 부끄럽기도 했다.

표현은 다르지만 이익이나 공자 모두 '충고는 들을 준비가 된 사람에게 해야 한다'고 했다. 상대가 '충고해달라'고 했다면 들을 준비가 되어 있다고 봐도 되겠다. 그럼에도 충고는 우선 지적하면서 시작하는 것이므로 상대가 준비되어 있다고 하더라도 지적할 문제를 면밀히 살핀 뒤에 조심스레 해야 한다. 이런 점에서 두 옛사람의 말 속에는 충고는 듣는 사람뿐 아니라 하는 사람한테도 준비가 필요하다는 의미도 들어 있지 않은가 한다.

이때 충고하는 사람이 어떤 사람인가 하는 문제는 크게 중요하지 않다. 누구든 준비된 사람이면 충고해도 무방하다. '부모', '선생', '선배'라 해도 충고할 준비가 되어 있지 않으면 해선 안 된다. 이처럼 충고할 수 있는 '자격'은 '준비 여부'에 따라 주어지는 것이고, '나이', '지위'에 따라 주어지지 않는다는 점을 명심해야 한다.

앞 앞
선 서
다 지
  않
  아
  야

성인은 만물의 법칙에 따릅니다.
그러므로 '천하의 앞이 되지 않는다'고 했습니다.
천하의 앞에 서지 않으면 일마다 이루어지고
공을 세우게 되어서 그의 견해는 반드시 세상을
뒤덮을 것입니다. 이렇게 되면 높은 벼슬을
하지 않으려 해도 그럴 수 있겠습니까?

한비자

이기긴 뭘 이겨

대학에 다니는 큰아이가 고등학교 1학년 때의 일이다. 1학기 초에 학급회장이 되었다면서 임명장을 받아왔다. 이때만이 아니라 아이는 고등학교 3학년 때를 제외하고 늘 회장이 되었던 것 같다. 주변의 학부모들한테 "나가라고 시킨 거 아니냐.", "옆에서 부추기지 않았느냐.", "엄마나 아빠가 인사말을 대신 써준 것 아니냐"는 말을 들은 적이 꽤 있다.

저렇게 축하해주고 나서 대부분 이런 말이 이어졌다. "우리 아이는 내성적이라서 꿈도 못 꿔요", "한번 해보라고 해도 자신 없어 해요", "떨어지고 너무 속상해해요", "인사말을 열심히 준비해서 갔는데도 떨어졌어요." 이렇게 말하는 걸 보면 이분들은 아이를 부러워하고 있는 것이다.

'학교 다닐 때 임원 한번 안 해본 아이가 누가 있겠냐'는 말도 있지만, 안 하거나 못했으면 그런 마음이 들 수도 있겠다고 생각했다. 동시에 아이가 회장 선거에 나서는 족족 당선되는 이유도 궁금했다. 아이가 말했다.

"아빠, 이번엔 좀 떨리더라고."

"왜? 너 반장 선거 많이 해봤잖아?"

"애들이 다 말을 잘하더라고. 원고를 준비한 애도 있었어."

"너는 말 못했냐? 원고 준비를 안 했고?"

"뭐 열심히 하긴 했지."

"너는 무슨 말을 했는데?"

"초등학교 5학년 때 이야기를 해줬어. 예전에 선거 나가서 졌던 이야기."

"그게 뭔데?"

"날 이긴 애가 '쇼트트랙 선수들처럼 협동해서 이길 수 있는 반을 만들겠다'고 하고, 춤도 추고 했거든."

"그 친구 말 잘했네. 내용도 괜찮고. 그런데 그게 뭐가 문제라는 거야?"

"서로 잘 지내면 되지 이기긴 뭘 이겨. 하여튼 저 이야기를 해준 다음 내가 그랬어. '말만 잘하고 일은 못하는 회장이 되지는 않겠다', '진심으로 친구들과 만나겠다'고 했지."

"듣고보니 그러네? 하하. 어쨌든 뽑혔으니 잘해봐. 축하한다."

천하의 앞이 되지 않는다

짧지만 아이의 말 속에 답이 있다는 생각이 들었다. '이길 수 있는 반'이라는 말 속에는 반장은 대장이며, 나머지는 대장의 말에 따라 움직이는 부하라는 의미가 담겨 있다. 다시 말해 자신이 경쟁을 이끌어가겠다고 한 것이다. 아마 그 말을 한 초등학생은 이처럼 수직적인 관계까지는 염두에 두지 않았을 가능성이 크지만, 은연중 반장과 학급 친구들과의 사이를 위와 아래로 놓고 생각했을 것으로 짐작한다.

이와 달리 아이는 반장은 리더이긴 하되 군림하지 않으며 친구를 돕는 자리라 생각했고, '진심으로 친구들과 만나겠다'고 했으니 서로의 관계를 수평적으로 보고 있는 것이다. 다시 말해 리더는 조직에 속한 사람들이 잘 지낼 수 있도록 돕는 사람이지, 깃발을 들고 앞장서서 '나를 따르라'고 하는 사람이 아니다.

이처럼 사람 위에 군림하는 스타일을 지닌 리더는 예전에도 사랑받지 못했다. 진시황秦始皇이 중국을 통일하는 데 사상 방면에서 큰 영향을 준 법가法家의 사상가 한비자韓非子(?~기원전 233)의 말에서 바람직한 리더의 모습은 어떠한지 살펴보겠다.

성인은 만물의 법칙에 따릅니다. 그러므로 "천하의 앞이 되지 않는다"고 했습니다. 천하의 앞에 서지 않으면 일마다 이루어지고 공을 세우게 되어서 그의 견해는 반드시 세상을 뒤덮을 것입니다. 이렇게 되면 높은 벼슬을 하지 않으려 해도 그럴 수 있겠습니까? 높은 벼슬을 한다는 것은 일을 성취하는 우두머리가 되는 것을 의미합니다. 그러므로 성인은 "천하의 앞이 되지 않았기 때문에 일을 성취하는 우두머리가 된다"고 했습니다.

한비자, 《한비자》 권18, 〈해로偕老〉

한비자에 따르면 리더는 앞에서 자기 말만 하는 사람이 아니라 우선 뒤로 물러나서 여러 사람의 말을 듣고 종합하여 가장 합리적인 의견을 제시하는 사람이다. 이렇게 하면 남들이 자연스럽게 이 사람의 말을 따르게 된다고 주장하였다. 섣불리 앞서 나가지 않으면서 열린 자세로 자신의 의견을 내세우는 사람이라면 남들이 믿고 따를 가능성이 높다는 말로 이해된다.

이처럼 자신을 드러내지 않는 게 좋다는 생각은 이후로도 꾸준히 이어졌다. 수차례 관직에 임명되었지만, 번번이 사양하고 평생 학문의 길만 걸었던 조선의 학자 여헌旅軒 장현광張顯光(1554~1637)은 이렇게 말했다.

처세하는 방법에 이르러 보면, 알려지기를 바라는 자는 끝내 알려지지 못하고, 숨는 자는 끝내 반드시 알려지고 만다. 알려지기를 바랄 경우 조금이라도 작은 선善이 있으면 남에게 알려지기를 바라고, 겨우 한 재주에 능하면 세상에 자랑하려고 힘쓰는데, 이처럼 알려지기를 바라고 자랑하기를 힘쓰는 사사로운 마음은 천리天理의

올바름을 해친다. 자신이 가지고 있는 작은 선, 한 가지 재주는 단지 남을 기쁘게 하고 세상에 팔아먹는 자료가 될 뿐이니, 어찌 다시 길게 전진할 희망이 있겠는가. 이것이 재주를 자랑하고 선을 드러내며 이름을 구하고 명예를 바라는 자가 일시적으로 반짝하더라도 날로 없어지는 이유이다.

장현광, 《여헌선생문집旅軒先生文集》 권9, 〈부지암정사기不知巖精舍記〉

실제 저들의 말을 현실 속에서 확인하기도 한다. 한두 가지 재주와 장점을 가지고 자신을 드러내어 대중에게 인기를 얻었다가 그 재주를 다 소진해버리고, 더 나아지기 위해 노력을 하지 않아서 사라지는 사람들이 있다. 일단 그럴듯한 말을 던져놓고 관심을 끈 뒤에 실행하지 못해서 비난을 받거나 망신을 당하는 정치인도 있다. 다만 이런 현상을 개인 탓으로 돌릴 수만은 없다. 옛날에 비해 세상이 변하는 속도가 빨라지고, 경쟁은 더욱 치열해져서 무언가를 진득하게 앉아서 하기 어려워진 사회 분위기 탓도 분명히 있다. 늘 시간에 쫓기면서 끊임없이 남들과 비교를 하거나 당하며 살아야 하는 게 현대인이다. 자신을 드러내지 않으면 사회에서 살아남기 쉽지 않다고 생각한다. 이래서 요즘에는 자신의 능력을 보여줘야 한다고, 그래야 인정받는다고 말하는 이들도 많다.

그러나 이와 같은 말이 시대와 지역을 넘어 정설이 된 것에는 그 나름의 이유가 있지 않을까 한다. 앞서 말한 것처럼 자신을 드러내어 인기를 얻어 명성을 떨치다가 금세 소리 소문 없이 사라지는 사람들이 여전히 많아서 그렇다. 여기에는 여러 가지 이유가 있겠는데 인품이 재능을 따라가지 못하는 것이 그중 하나가 아닌가 한다.

기고만장해진 나머지 사람에게 안하무인으로 굴다가 명성을 잃거나 경험하지 못한 다른 분야에 욕심을 지니고 뛰어들었다가 망신을 당하거나 비난을 받는 유명인을 종종 보게 되는데, 대중은 '재승박덕才勝薄德(재주는 많지만 덕이 부족하다)하다'고 비난하며 끝내 이들을 멀리한다. 이렇게 보면 사람들은 바탕에 겸손함이나 성실함이 없는 재주는 환영하지 않는다는 사실을 알 수 있다. 이래서 실천하기 어렵더라도 재주를 기르되 그에 맞는 인품을 갖추기 위해 노력해야 한다.

잘난 척하면 아이들이 싫어해

아이의 생각도 이와 비슷하다.

"잘난 척하면 아이들이 싫어해. 아이들은 자기가 잘난 척할 수 있다는 생각은 해. 이기적이라고 할 수 있지. 그런데 회장은 그렇지 않은 아이를 뽑아. 이유는 모르겠지만, 그래야 된다고 생각하더라고. 말을 잘해서 한 번 뽑힐 수는 있겠지. 그런데 제대로 못하면 걔는 다시는 안 뽑혀. 공부만 잘한다고 반장이 되는 것도 아냐. 선생님은 좋아하겠지만 애들은 싫어해."

"그러면 너는 잘난 척 안 하고 이기적이지도 않다는 거냐?"

"나도 이기적인 면이 있겠지. 왜 없겠어. 아이들이 남들이 나를 덜 이기적이라고 생각했나보지. 다만 나는 잘난 척은 안 하고……. 일부러 잘 보이려고 하잖아? 그럼 처음엔 모르지만 얼마 안 가서 눈치 채거든. 애들이 모르는 것 같아도 다 알아."

대체로 리더는 카리스마가 있어야 하고, 앞장서서 남을 이끄는 데 능해야 하며, 다른 조직과의 경쟁에서 승리할 수 있는 능력을 지니고 있어야 한다고 말한다. 이것이 예전의 한국 사람에게 환영받는 리더의 상이었지만, 아이의 말에서 알 수 있듯이 이제는 사회의 분위기가 바뀌어서 부드러운 리더십을 좋아하는 사람들이 더 많아지고 있다. 앞에 서서 따라오라고만 하기보다는 함께 가자고 하는 리더, 카리스마를 뽐내기보다는 무던하게 자기 할 일을 하는 리더를 좋아한다는 말이다.

학교만이 아니다. 직장도 이런 분위기로 변해가고 있다고 한다. 언젠가 모 기업에 다니는 분과 이야기를 나눈 적이 있었다.

그분이 이렇게 말했다.

"저희 회사는 직급이 있긴 한데 결정은 팀원이 같이 해요."

"네? 보통 팀원이 서류를 올려서 결재를 받지 않나요?"

"하하, 그렇죠. 일반적으로 그러는 곳이 많은데요. 저희는 인터넷 게시판에 주제를 올려놓으면 팀장부터 팀원까지 같이 의견을 내요. 결론이 날 때까지 의견을 주고받습니다."

"그렇게 하면 오래 걸리지 않나요?"

"얼핏 그런 생각이 드실 수 있는데요. 오히려 시간이 단축됩니다. 쓸데없는 소리도 안 하게 되고요."

듣고 있으면서 매우 신기했다. 그렇게 할 수도 있구나. 그러나 나는 아무래도 수직적인 문화에 익숙한 사람이다 보니 선뜻 이해가 되지 않았다. 조심스럽게 물어봤다.

"의견을 내다보면 팀원이 팀장 의견에 반대를 하거나 그러지 않나요?"

"네. 당연하죠. 의견을 내는 건데요. 싸우기도 해요."

이분은 담담하게 이야기를 하는데, 나는 싸우기도 한다는 말에 놀랐다.

"반대한 팀원은 팀장한테 찍히지 않나요? 팀장은 기분 나쁠 텐데?"

"하하, 전혀 그런 거 없어요. 좋은 결과를 내기 위한 과정에서 그러는 건데요 뭘."

"아, 네. 그럼 팀장은 뭘 하나요?"

"같이 의견 내고요. 방향만 잡아주죠."

한국의 모든 회사가 다 이렇지는 않을 것이지만, 이 일화를 통해 알 수 있듯이 사람들이 바라는 리더의 상이 바뀌고 있다는 점은 분명한 것 같다. 이런 리더의 상과 관련하여 읽어볼 만한 글이 하나 더 있다. 유명한 노자의 《도덕경道德經》에 이런 글이 실려 있다.

> 대인大人이 윗자리에 앉아 있으면 백성은 그 사람이 있다는 사실만 알 뿐이다. 그다음 사람은 백성이 자신을 친하게 여기고 칭송을 하게 만들고, 그다음 사람은 백성이 자신을 두려워하게 만들며, 그다음 사람은 백성이 그를 모멸한다. 윗사람에게 신뢰가 부족하면 불신이 일어나니 그윽하여 보이지 않기 때문에 백성들이 윗사람의 말을 귀하게 여겨서 공이 이루어지고 일이 성취되었더라도 백성들은 모두 '나 스스로 그렇게 한 것이다'고 말한다.
>
> 《도덕경》 17장

노자의 말에 따르면 가장 높은 수준의 리더는 아랫사람들이 그가 있다는 것만 알 정도로 무엇을 하는지 모르는 사람이다. 이러다 보니 리더가 계획을 하고 사람을 잘 움직여서 업적을 쌓았는데도 아랫사람은 자기가 잘했기 때문이라고 생각한다는 것이다. 조금은 현실적이지 않은 이야기처럼 보이지만, 한비자와 장현광의 글, 아이와 기업에 다니는 분의 말을 두고 생각해보니 고개가 끄덕여진다. 이렇게 보면 예나 지금이나 사람들이 바라는 바람직한 리더의 상은 같다고도 할 수 있다. 옛사람의 글을 되새겨볼 필요가 있다.

남의 처지를
헤아리는 일

이른바 "천하를 평안하게 하는 것은
그 나라를 다스리는 일에 달려 있다"고 하는 것은
윗사람이 노인을 노인으로 대접하면
백성들이 효심孝心을 일으키고,
윗사람이 어른을 어른으로 대접하면
백성들이 공경하는 마음을 일으키며,
윗사람이 고아를 구휼하면
백성들이 배반하지 않는다는 뜻이다.
그러므로 군자에게는 척도를 가지고
헤아리는 도가 있는 것이다.

《대학》

시끄러워서 설명이 안 들려요

아이들이 어디에서 듣고 왔는지, 전기 모기채의 버튼을 누르고 있으면 미세하게 징징거리는 소리가 들리는데, 가청주파수에 따라 그 소리가 들리는 사람도 있고, 들리지 않는 사람도 있다고 한다. 아내가 말했다.

"그럼 지금 실험해보자."

여섯 식구가 전기 모기채 주변에 둘러앉았다. 전원을 켜고 버튼을 눌렀다. 아이들이 말했다.

"어우, 시끄러워. 진짜 징징 소리가 들리네?"

반면, 나와 아내는 동시에 반박했다.

"아무 소리도 안 들리는데?"

"아니, 이게 왜 안 들려? 엄마, 아빠 거짓말 하는 거 아냐? 너무 잘 들리는데?"

"안 들린다니까? 니들이 장난치는 거 아냐?"

아내와 아이들이 방으로 들어간 뒤에 혼자서 전기 모기채의 버튼을 누르고 귀에 가까이 대니 아주 얇은 소리가 들리긴 했지만, 아이들이 말한 만큼 들리진 않았다. 나이가 들어서 청력이 떨어져서 그런가 보다 했다.

며칠 뒤, 학교 수업 시간. 모두 조용히 내 설명을 듣고 있다.

한창 이야기를 하고 있는데 학생 한 명이 손을 든다.

"교수님, 죄송한데 스피커 전원 좀 꺼주시면 안 돼요? 시끄러워서 설명이 잘 안 들려요."

"네? 우리 강의실에 스피커가 있었어요?"

뒤를 보니 칠판 양쪽에 스피커가 있기는 하다. 그런데 지금 마이크를 쓰고 있지도 않은데 뭐가 들린다는 거지?

"여러분도 지금 스피커 소리 들려요?"

"네."

"어? 왜 나만 안 들리지? 혹시 여러분들 저한테 장난치는 거 아녜요?"

"아뇨. 하하하하."

반신반의하면서 저쪽에 있는 컨트롤박스에 갔더니 전원이 들어와 있다. 우선 이걸 껐다.

"이제 됐어요?"

"네."

"이상하네. 왜 나한테만 안 들리지? 하하하. 뭔가 속는 기분이 드네?"

"푸하하하."

"아니, 그럼 여러분들 지금 몇 주가 지나도록 계속 이런 잡음을 들었어요?"

“네.”

“그럼 아까 저 학생처럼 이야기를 해주셨어야죠. 시끄러운 걸 참으면서 들었다는 거네요.”

“아, 앞자리 쪽이 좀 시끄럽고, 뒤에는 잘 안 들려서 괜찮고요. 교수님도 아무 말씀을 안 하셔서…….”

“아이고, 진작 말을 해주시지. 진짜 아무것도 안 들렸어요.”

집에 와서 아내한테 이야기를 해줬다.

“글쎄. 그랬다니까? 저번에 애들이 전기 모기채 갖고 나한테 장난 친 줄 알았는데 그게 진짜였다니…….”

아내가 박장대소를 한다.

“하하하, 당신 혼자 바보 됐겠네.”

척도를 가지고 헤아린다

거실에 혼자 남아 있는데 윙윙 하는 소리가 들린다. 이명증耳鳴症을 달고 산 지 무척 오래됐다.

‘그래. 늘 이런 소리를 듣고 있으니 무슨 소리가 들리겠어?’

한숨을 쉬다가 문득 이런 생각이 들었다.

‘그러게. 나는 늘 주변 사람들한테 이명이 있다고 말을 했는데, 이명이 없는 사람들은 대수롭지 않게 넘겼지. 내 이명은 나만 들을 수 있는 거니까. 그나마 나는 그렇다고 말은 했잖아. 그런데 학생들은 나한테 말을 안 했어. 잡음이 있다는 말을 하지 않고 참은 거잖아. 서로 웃고 넘겼지만, 나는 애들이나 학생들이 나한테 장난을 치는 줄 알았지. 왜 처음부터 믿지 못했을까?'

이 생각을 하던 중에 공화空華라는 말을 떠올렸다. '허공에 핀 꽃'이라는 뜻인데 얼핏 봐선 무슨 소리인지 알 수가 없지만, 가만히 생각해보면 성립되지 않은 말임을 알 수 있다. 허공에는 꽃이 필 수가 없다. 이 말은《원각경圓覺經》,《대승기신론大乘起信論》과 같은 불경佛經에 등장하는 말인데, 사람이 눈병에 걸리면 눈앞에 꽃이 아른거리는 것처럼 헛것이 보인다고 한다. 눈병에 걸린 사람은 이를 모르고 남들이 꽃을 보지 못한다고 답답해하는데, 실은 자신이 없는 것을 있다고 우긴다는 것이다.

불교에서는 이 공화라는 말을 통해 세상 모든 것에는 실체가 없고, 있다고 생각하는 것은 이처럼 눈병에 걸린 것과 같다고 말하고 있다. 예전에 이 말을 보면서 눈병 걸린 사람을 비웃었는데 나도 이 사람과 같았다는 생각이 드니 조금은 씁쓸해졌다.

나이가 들어서 듣지 못하는 건 어쩔 수 없는 일이다. 그러나 아이들과 학생들의 '들린다'는 말을 내가 듣지 못했다는 이유로 믿지 않은 건 잘못이다. 학생들이 몇 주 동안 참고 있던 것은, 참을 만해서 그러기도 했겠지만, 지금껏 살아온 일상에서 어른한 테 무언가를 말했을 때 묵살 당한 경우가 많아서 그런 건 아닐까 하는 생각이 들었다. 참는 것도 공부고, 어느 정도의 불편함은 감수해야 하며, 괜스레 무언가 말을 해서 튀는 사람으로 찍히는 것보다 좋은 게 좋은 거라는 말을 들으며 살아왔기에 그런 건 아닐까?

'그러고 보니, 아까 수업 시간에 나한테 말했던 학생은 당연히 할 수 있는 말을 하면서도 무척 조심스러워 했지. 나는 그간 학생과 가깝다고 생각했고, 그들의 마음을 다른 어른들보다 잘 알며 이해한다고 생각했는데, 알고 보니 오십보백보로구나.'

이른바 "천하를 평안하게 하는 것은 나라를 다스리는 일에 달려 있다"고 하는 것은 윗사람이 노인을 노인으로 대접하면 백성들이 효심을 일으키고, 윗사람이 어른을 어른으로 대접하면 백성들이 공경하는 마음을 일으키며, 윗사람이 고아를 구휼하면 백성들이 배반하지 않는다는 뜻이다. 그러므로 군자에게는 척도를 가지고 헤아리는 도가 있는 것이다.

《대학》

배운 게 도둑질이라고 《대학》의 유명한 장구가 떠올랐다. 윗사람, 다시 말해 옛날의 임금이 노인, 어른, 고아의 처지를 헤아리고 그에 맞는 정치를 해야 한다는, 다분히 유가의 교훈을 강조하는 말이다. 나는 이 말을 '상대의 처지를 처지대로 인정하라'는 뜻으로 읽었다. 아닌 게 아니라 '척도를 가지고 헤아린다'는 말속에는 입장을 바꿔 서로 배려하라는 의미가 있기도 하다. '척도'는 상대를 헤아리는 최소한의 기준을 뜻한다. 참 당연해 보이고 쉬운 말이었는데, 다시 읽어보니 그렇게 보이지 않는다.

헤아림, 끊임없이 해야 하는 일

"입장을 바꿔 생각해라", "내 생각만 고집하지 마라", "상대의 말을 끝까지 들어라"는 말을 끊임없이 나와 남에게 던지며, 나름 그러했다고, 그러하려고 노력했다고 은근히 자부해왔다. 그러나 이제와 생각해보니 그간 나는 남이 듣지도 못하는 나의 이명을 알아달라고 하면서, 남의 이명은 외면하며 살아오지 않았는가 싶다.

평소에 나는 학생들한테 무슨 말이든 편하게 해달라고 하지만, 정작 학생들은 내가 아무래도 선생이기 때문에 어려워했던 것 같다. 그러니 당연히 요구해야 할 말을 몇 주가 지난 뒤에 했을 것이다. 시끄러운 소리가 들리지 않을 때까지 그들과 나 사이의 거리는 너무 멀었다. 이렇게 보면 학생들은 나를 배려해준 것인데, 나는 그러지 못했다고 할 수 있다. 선생 노릇하기 어렵고, 어른이 되기도 쉽지 않다.

그럼에도 남의 처지를 헤아려 보는 일은 계속 해야 한다. 이번처럼 적지 않은 시간이 지난 뒤에 해결을 하는 한이 있더라도 하지 않고 있는 것보다는 낫다. 그래야 더 가까워지고 피해를 볼 일도 줄어들 것이기 때문이다.

이 일이 있고난 뒤부터 신기하게도 수업 시간 중에 질문을 하는 학생과 수업이 끝난 후에 질문 거리를 들고 오는 학생이 늘어났다. 학생들이 마음을 열어주었다는 생각이 들었다. 이처럼 학생이 선생을 찾아와서 질문하는 것은 당연해 보일 수도 있겠지만, 서로 마음이 통하지 않으면 할 수 없는 일이다. 이렇게 서로 간의 배려를 통해 나와 학생들은 한 마음이 되어갔다. 수업 분위기는 전보다 더 좋아졌고, 서로 더욱 가까워졌다. 문득 이런 말이 떠올랐다.

두 사람이 마음을 같이 하니 쇠도 자를 수 있고, 마음이 같은 사람이 하는 말은 그 향기가 난초와 같다.

《주역周易》〈계사전繫辭傳 상上〉

두 사람이 마음을 맞춰 서로 권면하면 어려운 일도 할 수 있고, 난초처럼 향기로운 덕을 함양할 수 있다는 뜻을 담고 있는 글인데 꼭 나와 학생들을 두고 하는 말인 것 같았다. 다행스럽게도 이런 분위기는 학기가 끝나고 진행되는 강의 평가에까지 그대로 이어졌다. 어떤 학생은 수강 소감에 이런 말을 남겼다.

"배울 때는 힘들고 어려웠지만 돌아보니 남은 것이 많은 수업이었습니다. 한문이라는 과목 특성상 수업은 교수님의 강의가 거의 99퍼센트로 진행되었으나, 교수님의 따뜻한 조언들과 수업 중간중간 위트 넘치는 말씀들로 인해 충분히 학생들과 소통하는 수업이 된 것 같습니다. 한 학기 동안 정말 수고 많으셨고 감사합니다. 교수님!"

이렇게 말한 학생도 있다.

"교수님께서 설명을 잘해주시고, 질문에 늘 성실히 답변해주십니다. 학생들의 반복 설명 요청에도 언제나 응해주시고, 학생들을 존중해주셔서 좋았습니다."

부족하지만 어떻게든 학생들과 가까워지려고 노력하고, 이들의 마음을 헤아리려 애썼으며 반성을 했는데, 그 이상의 보답을 받았다는 생각이 든다. 나의 처지를 헤아려주고 배려해준 학생들에게 고마운 마음을 전하고 싶다.

부족한 엄마는
없다

부모가 자식을 기를 때
그 마음의 정성을 쓰는 내용은
자식이 좋아하거나 싫어하는 것을 찾아서
취하거나 버리는 데 있을 뿐이다.

박세당

아내의 자책

가끔 아내가 자책을 한다. 남의 집 부모들은 자식한테 정성을 쏟는데 자기는 늘 부족하다고 한다. 아이들도 열심히 공부하며 자기 할 일을 잘하고 있는 것 같은데 성적이 그만큼 잘 나오지 않아 아쉽다고 한다. 아내가 한숨을 쉰다.

"내가 잘하고 있는지 모르겠어. 학원을 옮겨줘야 하나?"

"잘하고 말고가 어디 있겠어. 공부는 애들이 알아서 해야 되는 거잖아. 능력 있는 선생을 만나는 게 중요하긴 하지만, 결국은 자기가 달려들어야 하는 거잖아."

"그래도 내가 학원을 잘못 택했나 싶어서…."

"나는 그렇게 생각 안 해. 애들하고 상의를 했고, 집 형편도 고려하면서 같이 결정한 거잖아. 그리고 애들을 탓하고 싶지도 않아. 노력했는데 결과가 좋지 않은 걸 어떻게 할 거야."

"그래도 애들한테 더 열심히 하라고 얘기해야 되지 않나?"

"열심히 하라고 한마디 할 수는 있겠지. 그런데 열심히 하고 말고는 애들 마음에 달린 거라고 봐. 공부 잘하면 좋기야 하지만, 그게 일생을 좌우하진 않잖아. 애들 각자 장점도 있으니 너무 자책하거나 걱정하지 말자."

"그래. 당신 말이 맞긴 한데, 요즘은 애들이 공부 못하면 무시

하고 그래. 학벌도 우리 때보다 더 따지고."

"당신 말대로 상처를 받는 일이 있겠지. 그럼 그걸 막기 위해 우리 둘이 할 수 있는 게 뭘까. 돈 들여서 비싼 학원 보내고, 애들한테 성적 가지고 몰아치면서 '참고 공부해라, 세상 만만치 않다'고 가르쳐야 되는 건가? 상처를 받더라도 우리 둘이 괜찮다고 하면서 편을 들어주면 그 힘으로 살아갈 거라고 봐. 가끔 잔소리를 해도, 그렇게 해왔잖아."

"휴우, 가진이가 그러더라고. 고등학교 다닐 때 책상에 앉아 있긴 했는데, 공부가 재미없어서 잘 못했다고. 그걸 이제야 말을 하네."

"그런 마음으로 앉아 있으려니 얼마나 힘들었겠어. 그래도 자기가 할 수 있는 최대치를 했어. 겪으며 이겨낸 거고."

"그냥 해야 되니까 했던 거 같네. 조금만 적극적이었으면 좋았을 텐데…"

"당신은 가진이한테 정성을 쏟았고, 최선을 다했잖아. 어찌 보면 당신 덕분에 가진이가 그나마 자기가 관심을 뒀던 걸 하고 있는 거라고 생각해. 그리고 부모들이 자기 아이한테 적극적인 성격을 지니라고 강요하는데, 적극적인 게 무조건 다 좋고 옳은가? 자기 성격에 따라서 살아가면 된다고 봐."

"반면에 서진이는 자기 주장을 안 굽혀. 그래서 내가 잔소리를 덜 하려고 하는데 쉽지가 않네."

"걔가 보기에 우리한테 답답한 면이 있으니 그런 거겠지. 입시 때문에 스트레스도 받을 거고. 그러니까 집에서라도 편하게 있도록 해야지. 당신이 잔소리 안 하는 건 잘하고 있는 거라고 봐."

"그래서 가만히 두는데 답답하지. 나는."

"그럼 나는 안 답답할 거 같아? 당신이 예전에 나한테 그랬잖아. 자식 키우는 게 도 닦는 거하고 비슷한 거 같다고. 우리 둘이 같이 도 닦아야지 어쩌겠어. 지켜보고 도우면서 스스로 극복할 때까지 기다릴 수밖에 없다고 봐."

"그게 옳은 걸까?"

"모르지 나도. 어떻게 옳다고 단정할 수 있겠어. 서진이는 누가 잔소리를 한다고 그 말을 듣는 성격이 아냐. 자기가 마음을 먹어야 움직이잖아. 지금 자기 성격대로 살고 있으니, 우리 맘에 맞지 않는 면이 있더라도 놔두는 게 좋을 거 같네."

"그래. 알겠어. 휴우."

"언젠가 우리가 죽으면 쟤들은 쟤들대로 살아야 되잖아. 애들한테는 우리가 모르는 자기 생각이 있을 거거든. 그러니까 우리 눈에는 안 차 보여도 애들 나름대로 버티며 사는 거잖아. 부모라고 해서 우리 생각대로 애들을 관리하려고 들면 안 된다고 봐."

"하진이는 성격이 좋기는 한데 공부 스트레스를 많이 받는 거 같아. 겉보기엔 신경을 안 쓰는 것 같지만, 우리한테 말을 안 해서 그렇지 속이 얼마나 상할 거야."

"속상하겠지. 그래서 우리 둘 다 걔한테 공부 스트레스를 안 주려고 하잖아. 하진이는 정말 속이 깊고 넓은 아이잖아. 걔는 어딜 가도 환영받으며 살 거야. 아이들이 살아가는 힘은 당신하고 내 믿음에서 나온다고 생각해. 쟤들이 어디서 꺾이더라도 우리가 편을 들어주면 그 힘을 얻어서 살게 될 거야. 우리도 그렇게 살아왔잖아."

"그런가? 그래도 나는 내가 부모노릇 못 하고 있는 거 같네. 남들처럼 열심히 살고 있는 거 같지도 않고."

이야기를 하는 내내 아내의 표정은 어두웠다. 그 어두운 표정에 내 책임도 있다고 생각하니 마음이 무거웠다.

예나 지금이나 부모의 마음은 같다

아내는 공부 문제뿐 아니라, 아이들의 거의 모든 일상을 걱정한다. 아이들이 아파도, 심지어 우리가 어찌 할 수 없는 교우관계 때문에 아이들이 힘들어해도, 자신이 마음을 덜 기울여서 그렇게 되었다고 생각하며 마음 아파한다.

《논어》에 이런 말이 나온다.

맹무백孟武伯이라는 사람이 효도에 대해 묻자 공자가 대답했다. "부모는 다만 자식이 병들까 걱정하실 뿐이다."   《논어》〈위정爲政〉

이제 엄마가 된 아내도, 내 어머니도, 아내의 어머니도 그러했을 것이다. 어머니의 노심초사 덕분에 이렇게 아이를 키우며 살고 있다고 생각한다. 아닌 게 아니라 우리 어머니가 그랬다. 나는 열다섯 살 때 편도선 수술을 하기 전까지 감기만 걸리면 편도선이 부어서 목구멍을 막을 지경에 이를 만큼 심하게 아팠다. 그럴 때마다 어머니는 밤잠을 주무시지 않고 나를 돌봤다.

지금도 그렇다. 내가 조금이라도 아픈 곳이 있으면 병원에 갈 때까지 잔소리를 하고, 병원에 다녀오면 꼭 상태가 어떤지 물어보시고 걱정을 하신다. 이와 같은 부모의 마음과 관련하여 조선 후기의 학자이자 정치가였던 서계西溪 박세당朴世堂(1629~1703)의 말에도 귀 기울여볼 만하다.

부모가 자식을 기를 때 그 마음의 정성을 쓰는 내용은 자식이 좋아하거나 싫어하는 것을 찾아서 취하거나 버리는 데 있을 뿐이다.

박세당, 《사변록》〈전십장傳十章〉

사서四書 중 하나인《대학》의 한 구절을 해석하는 과정에서 나온 말이다. 이 글에 등장하는 '부모'는 군주나 지배층을 뜻한다. 박세당은 백성을 다스릴 때 마치 부모가 자식을 키울 때처럼 정성을 쏟아야 하며, 백성이 원하는 것을 잘 살펴서 정치를 해야 한다고 말하였다. 정치를 하는 사람이면 누구나 할 수 있는, 또는 해야 하는 말이며 지녀야 할 마음가짐이라고 하겠다. '정치'를 빼고 그 자리에 '부모의 역할'을 넣고 보아도 이해하는 데 어려움이 없다. 다만 자식이 좋아하거나 싫어하는 것을 찾으려면 먼저 자식의 성정을 알아야 하지 않을까 한다. 그런 뒤에 자식이 성정에 맞는 길을 갈 수 있도록 돕는 것이 부모의 역할이라고 하겠다.

　　한편 이 글을 남긴 박세당은 성리학으로 무장된 선비들 속에서 이들이 이단으로 여겨지던 노장과 불교에도 밝았으며, 모든 이들이 높이던 주희의 학설을 다 따르지 않았다. 위 글이 수록된《사변록思辨錄》은 이런 박세당의 생각이 반영된 저술이다. 이 책 때문에 박세당은 결국 공격을 받아 '사문난적斯文亂賊(유학을 어지럽히는 도적)'으로 배척을 받았다. 게다가 이 사람의 당파는 소론이었는데 이경석李景奭(1595~1671)의 비문碑文을 쓰면서 그 안에 노론의 우두머리였던 송시열宋時烈(1607~1689)을 비방하는 내용을 담았다는 혐의를 얻어 노론의 공격을 받았다.

　　유배를 가게 될 처지에 놓였는데, 당시 임금이었던 숙종肅宗

(재위 1674~1720)이 박세당의 나이가 많고 이 사람의 아들이 먼저 죽었다는 사실을 감안해서 유배를 면해주었지만, 얼마 가지 못해서 병으로 죽었다.

이처럼 박세당의 삶은 불우했는데 이 사람을 더 마음 아프게 한 것은 아끼는 두 아들의 죽음이었다. 둘째아들인 박태유朴泰維(1648~1696)는 병으로 죽었고, 그 동생 박태보朴泰輔(1654~1689)는 인현왕후仁顯王后의 폐위를 반대하는 상소를 올렸다가 반대파의 공격을 받아 고문을 받고 유배지로 가는 도중에 병으로 죽었다. 박세당이 유배를 가는 박태보에게 보낸 편지를 읽어본다.

길을 떠난 지 이미 닷새가 되었구나. 날씨가 좋지 못해서 연일 흐려서 괴로울 텐데 피곤한 사람과 약한 말의 힘들어하는 모습이 눈에 선하구나. 힘든 여정 속에 병에 걸릴 염려는 없는지 모르겠구나. 아마 지금쯤 서흥瑞鳳이나 봉산鳳山 즈음에 도착했을 텐데 길에서 지체되지는 않았느냐? 해는 짧은데 길은 멀어서 다시 기일을 어겼다고 죄가 더해질까 두려워 더욱 불안한 마음을 이겨낼 수가 없구나.

박세당, 《서계집》17, 〈간독簡牘〉 1677년 10월 29일

이 편지는 1677년에 박태보가 과거시험 감독을 잘못했다는

비판을 받고 선천으로 유배를 가게 되었을 때 쓴 것이다. 유배라는 특수한 상황을 빼고 읽더라도 자식을 향한 부모의 마음이 어떤 것인지 쉽게 알 수 있을 것 같다. 이처럼 부모는 자식이 병 들까봐 걱정할 뿐이다. 예나 지금이나 부모의 마음은 똑같다.

아내는 좋은 엄마다

이러한데도 과거 아이를 키우는 부모의 일부는 자식의 성정이나 희망에 관계없이 '판검사가 되어라', '의사가 되어라', '교사가 되어라'고 다그치는 경우가 많았다. 지금도 그러는 경우가 있기는 하지만, 요즘의 흐름은 대부분 자식의 적성을 먼저 따져보고, 무언가를 요구하더라도 우선 자식의 의사를 존중하는 방향으로 가고 있지 않은가 한다. 나처럼 모든 것을 자식의 판단에 맡기는 부모들도 적지 않은 것으로 알고 있다.

학교도 바뀌고 있다. 다양한 방식으로 학생들에게 진로 체험을 할 수 있는 프로그램을 만들어 운영하고 있으며, 대학에서도 이전에는 오로지 학업 성적으로만 학생을 선발했지만, 현재에는 성적보다는 학생의 적성과 가능성을 보고 선발하는 이른바 '수시전형'의 비율을 높이고 있는 추세다.

이런 가운데 아내는 자식이 아플까봐 걱정하고, 자식의 성정과 행동거지를 살피면서 최선을 다해 아이들을 키우고 있는 중이다. 묵묵히 아이들 뒷바라지를 하고, 아이들에게 자신의 생각을 강요하지 않으며, 성적으로 아이들을 다그치지도 않는다. 형편에 맞춰 학원도 보낸다. 이것만으로도 차고 넘칠 지경인데 늘 부족하다고 자책할 만큼 자식을 사랑하는 사람이다. 그러니까 아내는 부모 역할을 충분히 하고 있는 것이다. 한숨을 쉬는 아내에게 이렇게 말했다.

"나는 당신이 누구보다 열심히 살고 있다고 생각해. 애들 교육엔 정답이 없어. 당신의 방법이 최선이야. 다른 사람들 말에 흔들릴 필요 없고, 다른 집 부모하고 비교할 것도 없어. 우리가 꼭 애들 모든 걸 다 챙겨줘야 돼? 애들도 스스로 하는 게 있어야지. 하루하루 우리 할 도리 잘하고 있고, 애들도 애들 나름대로 최선을 다하고 있어. 다 열심히 살고 있어."

여보, 당신은 좋은 엄마야.

말을 아껴야 하는 이유

말은 생각을 표현하는 수단인데
어째서 적게 하는 것을 취했는가.
말할 만한 것은 하고, 해서는 안 되는 것을
말하지 않아야 하기 때문이다.

윤휴

정치색을 드러내는 실수

학교 수업 시간에 자신의 정치색과 가치관을 드러내면서 현실 정치에 대한 견해를 밝히는 선생이 있다고 들었다. 무슨 과목이든 직간접적으로 현실과 연결되어 있으므로 해당 과목의 내용을 학생에게 잘 전달하기 위해 노력을 기울이는 것으로 이해했다. 그러나 무엇이든 지나치면 문제가 되는 법이다. 어떤 선생은 특정 인물을 지나치게 칭찬하거나 비판하고, 그것도 모자라 학생들에게 자신의 견해를 주입하려다가 학생들의 반감을 사기도 한다.

나는 선생이 적어도 수업 시간에는 자신의 정치적 견해를 밝히지 않는 게 바람직하다고 생각한다. 토론 수업이든 강의 위주의 수업이든 선생이 한쪽에 서버리면 결과적으로 학생이 자유롭게 생각하기 어렵고, 수업 내용 또한 자기 것으로 만들기 어렵다. 아울러 자신의 생각을 여과 없이 말하는 것은 어떤 면에서 월권이며 직무유기에 가까운 일이라고 보고 있다.

이렇게 말을 하면서 내 생각을 하지 않을 수 없다. 나는 늘 '딴 소리'를 하더라도 학생이 불편을 느낄 만한 말은 하지 않으리라 다짐을 하고 강의실에 들어간다. 이런 마음을 먹고 들어갔음에도 강의 중에 실수를 한 적이 몇 번 있다.

수년 전 고려대학교에서 "생활한자" 과목을 강의했을 때 일이다. 교재에 어느 신문의 기사가 실려 있었는데, 이 글을 읽다가 이런 말을 했다.

"○○일보가 옳은 말을 할 때도 있네."

스쳐 지나가는 말이었지만, 평소의 내 생각이 툭 튀어나온 거였다. 순간 '아차' 하는 생각이 들어서 다른 이야기로 넘어갔다. 순간적으로 일어난 일이라서 그런지 학생들은 대수롭지 않게 여기는 것 같았다. 물론 어디까지나 나만의 생각이다. 이후 강의 시간에 더 말을 조심하게 됐다.

그러던 어느 날, 수업이 끝나고 학생 한 명이 내 앞으로 다가왔다.

"교수님, 제가 다음 시간에 입사 면접을 가야 해서 결강할 것 같은데요. 선처해주실 수 있으십니까?"

"아, 네. 출석을 인정해달라는 말씀이죠?"

"네, 죄송합니다."

"흠, 이걸 어째야 되나. 수업은 수업이고, 학생 일은 학생 일인데…. 좋습니다. 다음 시간 출석 인정해드릴게요. 대신 빠진 시간에 나간 진도는 학생이 알아서 공부하세요. 이 정도 페널티는 받아들여야 할 것 같네요."

"네, 그건 제가 감수해야죠. 고맙습니다."

이처럼 훈훈하게 마무리가 되어가던 중 문득 이 학생이 지원한 회사가 어디인지 궁금해졌다.

"실례지만 어디로 면접을 보러 가세요?"

"아, 하하, 교수님 싫어하실 텐데…."

"네? 제가 왜요?"

"○○일보요."

정신이 번쩍 들었다. 내가 해서는 안 될 말을 했구나. 진심을 담아 사과를 했다.

"아이고, 미안해요. 그때 제가 지나쳤어요. 학생들 생각이 다양한데, 제가 미처 그 생각을 못 하고…."

"하하, 다들 싫어하는 거 알아요. 괜찮습니다."

"제가 말해버렸지만, 신경 쓰지 말아주세요."

"아닙니다. 교수님이 이렇게 말씀해주시니 고맙습니다."

그 학생이 잘 넘어가주었기 망정이지 혹시 내성적이면서 나와 생각이 다른 학생이 그런 말을 들었다면 상처를 입을 수도 있는 일이었다. 그런 학생도 있었을 것으로 짐작한다. 내 잘못이다.

이 학생에게 묻지 않았더라면 계속해서 이런 실수를 반복했을 것이다. 늘 수업 시간엔 내 색깔을 드러내지 않으려고 노력했지만, 이 일을 겪은 이후 더 조심을 하고 있다.

말이 많으면 실패가 많다

다시 생각해봐도 그날은 참 운이 좋았다는 생각이 든다. 누군 가가 "선생님, 그런 말은 적절하지 않은 것 같습니다" 했다면 즉 시 사과했겠지만, 수업 분위기가 이상해졌을 것이다. 그 피해는 학생들이 입었을 것이고…. 실수를 하지 않고 살 수는 없지만, 줄 이려고 노력해야 한다. 이래서 예나 지금이나 사람들은 세상사는 방식은 달라졌어도 말을 조심해야 한다고 강조한다.

옛 글을 보면 말에 관한 말이 무수히 많다. 중국 최초의 시집 인《시경詩經》에 이런 말이 있다.

하얀 옥돌의 티는 갈아서 없앨 수 있지만, 말의 티는 어떻게 할 수 가 없다.

《시경》〈대아大雅〉 '억抑'

입에서 나간 말은 다시 돌이킬 수 없으므로 조심해야 한다는 말이다.《논어》에는 공자의 제자인 남용南容이라는 사람이 이 구 절을 매일 세 번 외우자 공자는 이를 훌륭하다고 여겨 자신의 조 카딸을 이 사람한테 시집보냈다는 일화가 있다.

《공자가어孔子家語》에도 말과 관련한 일화가 나온다. 공자가 주周나라 왕실의 사당인 태묘太廟에 갔더니 사당의 계단에 쇠로 만들어진 사람이 서 있는데 입이 세 겹으로 봉해져 있었다. 그 동상의 등에는 이런 말이 적혀 있었다고 한다.

> 옛날의 말을 삼가던 사람이다. 경계하여 말을 많이 하지 말라. 말이 많으면 실패가 많다. 《공자가어》〈관주觀周〉

이런 말을 보고 있으면 수긍이 가면서도 한편으론 좀 답답하기도 하다. 조심하라는 뜻이라는 건 알겠는데 이것저것 다 따지면 할 수 있는 말이 거의 없다. 그래서일까. 맹자는 이런 말을 남겼다.

> 선비가 말하지 않아야 할 경우인데도 말을 하는 것은 말을 가지고 꾀는 것이고, 말해야 할 경우인데 말을 하지 않는 것은 말하지 않는 것으로 꾀는 것이다. 둘 모두 담에 구멍을 뚫거나 담을 넘어가서 도둑질을 하는 부류라고 할 수 있다. 《맹자》〈진심盡心〉

말을 해야 할 때는 하고, 하지 말아야 할 때는 하지 말아야 한다는 뜻이다. 말은 사람의 생각을 표현하는 수단이므로 하지 않고 살 수는 없다. 그럼 어떤 경우에 말을 해야 하는가. 주자학朱子學이 조선을 석권했던 시절, 주자의 설에 반론을 제기했다가

'사문난적'으로 공격을 받아 죽은 백호白湖 윤휴尹鑴(1617~1680)는
이렇게 말했다.

> 옛날의 도는 말이 적은 것을 귀하게 여겼다. 말은 생각을 표현하는
> 수단인데 어째서 적게 하는 것을 취했는가. 말할 만한 것은 하고,
> 해서는 안 되는 것을 말하지 않아야 하기 때문이다. 나를 자랑하는
> 말, 남을 헐뜯는 말, 실속이 없는 말, 바른 법이 아닌 말은 하지 않
> 아야 하니, 이 네 가지를 염두에 두면 말을 적게 하려고 다짐하지
> 않아도 적어진다. 그러므로 "군자의 말은 어쩔 수 없는 일을 만나게
> 된 뒤에 말한다"고 했고, 또 "옛사람의 말이 적었던 것은 어쩔 수 없
> 는 일을 만난 뒤에 말했기 때문이다"고 했다. 나는 이 말을 왼 지 오
> 래되었지만, 늘 이 점에 부끄러움이 있었기에 글로 써서 남겨둔다.
>
> 윤휴, 《백호집白湖集》〈언설言說〉

이처럼 말을 적게 해야 한다고 했던 윤휴는 글처럼 살지 못했
다. 윤휴는 남인南人 계열의 학자이자 정치가였는데, 서인의 존경
을 받던 우암尤菴 송시열宋時烈(1607~1689)과 대립한 이후 사문난
적으로 낙인찍혀버렸다. 윤휴는 서인西人과 남인南人이 정국의 주
도권을 놓고 다투던 숙종 6년(1666)에 유배지에서 사사賜死(사약을
받아 마시고 죽음)되었는데, 죽을 때까지 학문과 정치 분야에서 남

인을 대표하여 나섰다.

1659년 효종孝宗(재위 1649~1659)이 죽자 그의 어머니인 자의대비慈懿大妃가 몇 년 간 상복을 입어야 하는지를 두고 서인과 남인 간에 논쟁이 일어났다. 서인의 대표였던 송시열은 효종은 인조仁祖(1595~1649)의 차남이므로 기년복朞年服(1년 간 상복을 입음)을 입어야 한다고 주장했고, 윤휴는 효종이 차남이기는 해도 적자嫡子(왕위를 잇는 아들)이므로 3년 복을 입어야 한다고 맞섰다. 이 일은 예법과 관련한 논란이었으므로 '예송禮訟'이라고 부르는데 1659년은 기해년己亥年이었으므로 역사가들은 둘을 합해 '기해예송己亥禮訟'이라고 부른다. 논란이 지속되자 조정에서는 '어머니는 죽은 자식을 위해 기년복을 입는다'는 예법에 따라 결국 송시열의 주장을 받아들였다.

이렇게 일단락지어졌지만, 논란의 불씨는 꺼지지 않아서 이듬해에 남인의 거목이었던 미수眉叟 허목許穆(1595~1682)이 다시 송시열의 주장을 반박하며 이른바 '예송논쟁禮訟論爭'이 계속되었다. 그러나 결국 이 논쟁은 서인의 승리로 일단락되었다. 이 과정에서 윤휴는 서인과 더욱 골이 깊어졌고, 끝내 사사되었다. 이 일 외에도 윤휴는 조정에서 자신의 견해를 소신껏 폈다. 윤휴의 글대로라면 '어쩔 수 없는 일을 만나게 된 뒤에 말을 했던' 것으로 볼 수 있겠다.

해야겠다는 생각이 들 때 한 번 멈춘다

윤휴가 쓴 글의 요지는 그래도 말은 적게 하는 게 좋다는 것인데, 평소 이와 비슷한 내용의 글을 읽으면서 말조심을 하리라 마음먹었으면서도 같은 실수를 반복하며 살고 있는 나 자신이 부끄러워진다. 수업 시간만이 아니었다. 일상 속에서 조금만 맘에 맞지 않는 일이 있어도 곧바로 말을 뱉어버려서 여러 사람에게 크고 작은 상처를 준 일이 많았다. 누군가가 우스갯소리로 하는 말처럼 '늦었다고 생각할 땐 진짜 늦은 것'일 수도 있겠지만, 지금부터라도 실수를 줄여야겠다고 마음먹는다.

나를 포함한 적지 않은 사람들이 의도치 않은 실수를 한다. 다시 주워 담을 수는 없지만, 이런 실수는 나중에라도 알고 고치면 된다. 실수를 하고 있으면서 그게 실수인 줄 모르는 게 더 큰 문제가 아닐까 한다.

이런 실수는 아무래도 부모, 선생, 연장자, 상급자, 선배의 위치에 있는 사람들에게서 나온다. 현재 한국 사회에서 아무래도 이들은 자신보다 낮은 위치에 있는 사람들에 비해 말할 기회가 많기 때문에 그만큼 실수가 나올 확률도 높다. 아울러 이들은 '이런 말은 그 위치에 있는 사람이 들어야 한다'거나 '내 올바른 생각을 전해야 한다'거나 '너희들을 위하는 마음으로 말한다'는 생각을 지니고 있는 경우가 많다. 이런 생각이 바탕에 있으면 말의 내용이 일방적인 것이 될 가능성이 크다. 말하기 전에 이미 실수를 저지르고 있는 셈이다.

말조심에 남녀노소를 구분하는 건 큰 의미가 없다. 그래도 젊은 사람들보다 어른들이 더 조심해야 한다. 젊은 사람들한테는 실수를 만회할 시간이 있지만 어른은 그렇지 못하고, 살아온 시간만큼 실수의 대가도 클 것이기 때문이다.

사람이 책에 나온 격언대로만 살았다면 이 세상엔 아무런 문제가 없을 것이다. 그렇게 살 수는 없다. 하루하루 실수할까봐 전전긍긍하면서 실수를 줄이려고 노력할 수 있을 뿐이다. 말을 해야겠다는 생각이 들었을 때 한번 멈춰보는 것도 좋을 것 같다. 일 분 뒤에 말했던 일을 후회할 수도 있다. 조심하지 않을 수 없다.

그래도
선행을 하는 게 낫다

화禍와 복福의 이치에 대하여는
옛날 사람들도 의심해온 지 오래되었다.
충忠과 효孝를 행한 사람이라 하여
반드시 화를 면하는 것도 아니고,
음란하고 방탕한 자라 하여 반드시 박복한 것도 아니다.
그러나 선善을 행하는 것이 복을 받는 도道가 되므로
군자君子는 부지런히 선을 행할 뿐이다.

정약용

등굣길 교통사고

큰아이가 고등학교 다닐 때 있었던 일이다. 아침 등굣길에 학교 앞에서 교통사고가 났다. 아이는 학생이 차에 치여서 피를 흘리며 쓰러져 있는 광경을 보게 되었다. 도로는 학부모 차량으로 붐비는데 학생이 도로에 쓰러져 있으니 막힐 수밖에 없었다. 누군가가 119에 신고했고, 그 학생은 다행히 무사했다고 한다.

사고가 난 다음날 사연을 듣게 됐다. 아이가 말했다.

"서진이(둘째)가 먼저 현장에 갔어. 나는 좀 천천히 가고 있었는데, 앞에서 서진이가 '어떡해! 어떡해!' 하면서 학교에 전화를 하는 거야. 제일 먼저 본 아이는 울고 있고."

"너도 어제 손까지 떨렸다며? 지금은 괜찮아?"

"응. 괜찮지."

"만약 그 아이가 잘못됐으면 너도 충격이 컸을 거야. 무사하니까 이렇게 웃고 있는 거지. 정말 다행이다."

"맞아. 그랬을 거 같아. 학교에 있는데, 손발이 다 떨리고 계속 생각이 나더라고. 애들하고도 이런 이야기를 했어. 트라우마가 뭔지 알 거 같다고. 더구나 나는 이렇게 큰 사고는 이번에 처음 봤잖아. 눈앞에서 사람이 다쳐서 피를 흘리는 거."

"그러게 얼마나 놀랐겠냐. 그리고 너는 살면서 이런 걸 다시는 안 보면 좋겠지만, 만약 보게 되면 그때는 침착하게 대응하게 될 걸? 좋은 경험했다고 생각해. 그런데 너 나중에 또 비슷한 일을 겪으면 어제처럼 교통정리 할 거냐?"

"하하하. 아마도? 근데 그거 하면서 참 어이가 없었어."

"뭐가?"

"사고 현장 거의 바로 앞에 있는 차도 빵빵거리는 거야. 사람이 다친 걸 몰랐을 수도 있지만, 어떻게 계속 그럴 수가 있어? 나 같으면 내려서 상황이라도 보겠다. 그리고 차를 빼려면 맨 뒤에 있는 차부터 빠져야 되는데, 다들 앉아서 빵빵대기만 해."

"…"

"그래서 내가 뛰어다니면서 차 한 대 한 대 모두에게 사고가 났다고 말했어. 그 사람들 다들 학부형이잖아. 내가 교복을 입고 헐떡거리면서 다니는데, 어떤 사람은 신경질적으로 '사고요?' 하면서 자기애한테 '내려서 걸어가라'고 하는 거야."

"사람이 다쳤다고 그랬으면 반응이 좀 달라지지 않았을까?"

"순간 그 생각이 안 나더라고. 그래도 사람이 다쳤다는 말은 안 했지만, 사고가 났다는 말을 하는데 '사람은 다치지 않았냐?'고 물어보면 안 돼? 그걸 묻는 사람이 한 명도 없었어."

"네가 겪은 일 속에 우리나라 사회의 한 모습이 들어 있는 것 같네."

"맞아. 자기 아이 지각 안 하는 게 먼저야."

"너는 지각 안 했냐? 하하."

"안 했지. 다행히."

"다행이네. 그런데 지각을 하게 돼도 계속 그렇게 했을까?"

"흠, 그래도 차 빼라고 말하고 다녔을 거 같아."

"그럼 네가 손해를 보잖아."

"하하. 그러게. 그래도 어쩔 수 없지."

"잘했어. 그저 아빠가 생각하는 건, 좋은 일을 하고도 손해를 보는 경우가 있는데, 최소한 손해를 보지 않도록 하는 장치 정도는 필요하다는 거야. 만약 네가 지각을 했다면 선생님이 지각 처리를 안 해야 한다는 거지. 만약 지각을 하고 선생님께 사정을 말했으면 어떻게 됐을까?"

"사람마다 다르지 않을까?"

"지각 처리를 하는 사람도 있을 거라는 말이잖아. 지각하고 네 뿌듯함하고 바꾸는 것도 좋은데, 좋은 일이건 나쁜 일이건 그렇게 개인이 다 책임지게 하면 안 되는 것 아닐까?"

"하하. 그건 그러네?"

"여하튼 잘했다. 어제 정말 수고 많았어."

머리 둘 달린 뱀을 죽인 손숙오

큰아이는 좋은 일을 하고 손해도 보지 않았지만, 사람이 살다 보면 남한테 도움을 주고 오히려 불이익을 감수해야 하는 일이 생긴다. 길 잃은 아이의 엄마를 찾아주다 중요한 약속 시간을 놓치기도 하고, 다친 사람을 돌봐주다 지각을 하는 경우도 있다. 이처럼 선행을 한 사람들은 대부분 '당연히 해야 할 일을 했다'거나 '내 문제보다 사고를 당한 분의 일이 더 급하다'고 말한다.

이와 비슷한 옛날이야기 하나가 있다. 중국 한漢나라 가의賈誼(기원전 200~기원전 168)가 쓴 《신서新書》에 손숙오라는 사람의 일화가 실려 있다. 손숙오는 중국 춘추시대 초楚나라의 명재상이다.

손숙오가 어린아이였을 때, 나가서 놀다가 돌아와서는 근심을 하면서 밥을 먹지 않았다. 어머니가 그 까닭을 묻자 울면서 대답했다.

"제가 오늘 머리가 둘 달린 뱀을 봤는데요, 언제 죽게 될지 모르겠어요."

"그 뱀이 지금 어디 있어?"

"머리 둘 달린 뱀을 본 사람은 죽는다고 하잖아요. 그래서 다른 사람이 또 보게 될까봐 뱀을 죽여서 땅에 묻었어요."

"걱정마라. 너는 죽지 않을 거야. 남몰래 덕을 베풀면 하늘이 복을 준다고 했다."

　사람들은 이 사연을 듣고 손숙오가 어질다는 사실을 알게 됐다. 나중에 손숙오는 초나라의 영윤令尹(재상)이 되었을 때, 그 자리에 부임하지도 않았는데 나라 사람들은 모두 그를 신뢰했다고 한다.

가의,《신서》권6

　이 이야기는 '음덕양보陰德陽報(남 몰래 덕을 베풀면 드러나는 보답을 받음)'라는 성어를 소개할 때 자주 언급되는 일화다. 손숙오의 명성을 빌려 선행을 권장하는 이야기라고 하겠다. 이런 교훈을 빼고 보더라도 어린아이가 참 기지 있고 마음이 무척 따뜻하다는 생각이 든다.

　한편 손숙오는 하늘이 내려준 복을 진짜로 받았을까? 단순하게 생각해보면 커서 초나라의 재상이 되었으니 복을 받았다고 할 수 있다. 반드시 보답을 받기 위해 선행을 한 건 아니었겠지만, 결과적으로 받기는 했으니 음덕양보라는 말이 실현된 것으로 보이기는 한다. 그러나 현실에서 선행을 한 사람이 모두 손숙오와 같은 보답을 받고 있기는 한지 생각해보지 않을 수 없다.

　앞서 큰아이처럼 가벼운 손해를 감수하는 것 정도는 할 수 있다고 치자. 물론 그조차도 하지 않으려는 사람도 있기는 하지만…. 현실에선 보답은 고사하고 선행을 하지 않는 것을 넘어 나

뿐 짓을 하는 사람들이 잘 먹고 잘 사는 일이 많다. 약삭 빠르게 자기 것만 챙기는 사람이 성공가도를 달리는 경우도 있다. 굳이 예를 들지 않더라도 현실은 이렇다는 사실을 알고 있을 것으로 짐작한다.

부지런히 선을 행할 뿐이다

나는 길게 늘어선 차량 사이를 돌아다니면서 일일이 "앞에 사고가 났으니 유턴하세요"라며 구급차의 진로를 확보하려고 애를 썼던 아이한테 "수고했다"는 칭찬을 하면서 동시에 "너 지각하지 않았냐?"고 물었다. 이처럼 나는 혹시 생길지도 모를 불이익까지 계산을 하고 있었던 것이다.

아이는 손숙오인데 아빠는 손숙오의 어머니가 아니었던 셈이다. 부끄럽기도 하고, 한편으로 이런 것까지 생각해야 하는 현실에 속이 상하기도 하다.

다만 한편으론 이런 생각이 든다. 옳은 일 또는 착한 일을 하고 아이처럼 남들한테 인정을 못 받는 것 정도는 넘어가줄 수 있겠지만, 비난을 받거나 큰 피해를 입으면 그런 일을 하라고 자신 있게 말하지 못할 것 같기도 하다.

이럴 때는 이런 일을 경험했던 훌륭한 인물의 말을 들어보는 것도 나쁘지 않다. 천주교 신자로 몰려 관직을 잃고, 이후 당쟁에 휘말려 오랜 기간 유배생활을 했던 정약용은 이렇게 말했다.

화와 복의 이치에 대하여는 옛날 사람들도 의심해온 지 오래되었다. 충과 효를 행한 사람이라 하여 반드시 화를 면하는 것도 아니고, 음란하고 방탕한 자라 하여 반드시 박복한 것도 아니다. 그러나 선을 행하는 것이 복을 받는 도가 되므로 군자는 부지런히 선을 행할뿐이다.　　　　　정약용,《다산시문집茶山詩文集》권18,〈가계家戒〉

자신처럼 충효를 행한 사람도 화를 면하지 못했으니 이런 말을 할 법하다. 그러나 정약용처럼 어렵게 살았던 사람도 '그래도 선을 행해야 한다'고 하는 걸 보면서 위안을 얻으며 마음을 가다듬는다.

정약용은 '황사영 백서 사건'에 연루되어 전라도 강진에서 십팔 년 동안 유배 생활을 했다. 이 사건은 1801년에 일어났는데, 천주교 신자였던 황사영黃嗣永(1775~1801)이 조선 조정에서 천주교를 박해하자 청나라가 개입하여 이를 멈추게 해달라는 내용의 글을 청나라로 보내려다가 발각된 일을 가리킨다.

이 일이 계기가 되어 같은 해에 조선 조정에서는 대대적으로 천주교를 박해했다. 역사가들은 이를 '신유박해辛酉迫害'라고 부른다. 이 일로 인해 황사영은 처형되었는데 그 화가 정약용에게까지 미치게 되었다. 황사영은 정약용의 맏형인 정약현丁若鉉의 사위이고, 역시 신유박해 때에 희생되었고, 한국 최초로 천주교 세례를 받은 이승훈李承薰(1756~1801)은 정약용 누이의 남편이었다. 이렇게 보면 정약용이 목숨을 보전한 것도 다행이라고 할 수 있겠다.

유명한 '새옹지마塞翁之馬'라는 말이 있다. 사람 일은 어떻게 될지 알 수가 없다는 뜻을 지닌 성어다. 정약용은 십팔 년 동안 강진에서 유배 생활을 하면서 저술 활동에 몰두했다. 유교철학 뿐 아니라 정치, 경제, 사회 분야는 물론 과학에까지 관심을 두었는데 이와 관련된 저술이 약 오백 여 권에 달한다고 한다.

정치의 중심에서 벗어나 있었고, 유배가 풀린 뒤에도 죽을 때까지 조정에 복귀하지 못했기 때문에 정약용의 생각이 현실에 반영되진 못했지만, 이 시기가 있었기에 후대의 사람들이 많은 도움을 얻게 되었고, 현재까지 그 명성이 전해지고 있지 않은가 한다. 정약용도 손숙오처럼 '음덕'을 베풀었기에 후대 사람들이 '양보'를 받고 있는 게 아닐까? 결과적으로 보면 정약용은 의도하지 않았겠지만, 이 시기의 저술 활동이 '선행'이 되었다고 볼 수도 있다.

살면서 복을 받을지 화를 입을지 알 수 없지만, 선행을 하면 복을 받을 것이라 믿고 사는 게 낫지 않을까 하는 생각이 든다. 반드시 내가 아니더라도 누군가는 그 열매를 얻게 될 테니까 그렇다. 이렇게 보면 어떤 상황에 처해 있더라도 선행을 하는 게 낫다.

반드시 해야 한다고
고집하지 않는다

군자는 세상 일에 대해서
무조건 이것만 옳고
저것은 그르다고 여기지 않고,
의로움을 기준으로 판단한다.

《논어》〈이인〉

옳고 그름 두 가지 생각밖에 못하겠어

　큰아이는 논술전형을 통해 대학에 들어갔다. 나더러 '당신이 글을 쓰니까 직접 가르치라'고 하는 사람도 있었지만, 논술 문제나 서술 방식을 보니 나처럼 자유롭게 쓰면 안 되고, 그 방면에 대한 사전 지식이 없이 가르치면 안 되겠다는 생각이 들었다. 학원에서 가르치는 대로 잘 따라가라고 말해주었다. 가끔 논술 답안지를 보면서 틀린 문장을 수정해주는 선에서 그쳤으며, 학원에서 모두 다 챙기기 어려운 면을 살펴려고 했다.

　적지 않은 사람이 그럴 텐데, 큰아이 역시 시험 결과에 대한 부담감이 있었고, 그러다보니 자신감이 좀 떨어져 있었다. 어느 날 마음을 먹고 아이와 이야기를 했다.

　"가진아, 너 며칠 전 아빠한테 '글 쓸 때 여러 각도로 생각을 못하는 게 문제'라고 했지?"

　"응. 문제를 보면 옳고 그름 두 가지 밖에 생각을 못 하겠어. 여러 가지를 원하는 학교도 있는데…."

　"괜찮아. 글은 우선 말이 되도록 써야 돼. 아무리 좋은 생각을 갖고 있어도 틀린 문장을 쓰고, 서술이 중구난방이면 소용없어. 다행히 너는 기본은 갖추고 있으니까 큰 걱정 안 한다. 그리고 지금 네가 네 문제를 알고 있잖아. 아빠는 그게 그렇게 큰 문제라고 보진 않지만, 네가 알고 있으니 고치려고 하면 된다고 봐."

"응."

"남들이 요구하는 답을 쓰는 법을 익히는 것도 좋은데, 그게 잘 안 된다고 자책할 필요는 없다는 말이야."

"응. 알겠어."

여기까지 말을 하고는 아이가 등굣길에서 교통사고를 목격한 뒤, 사고 현장에 구급차가 빨리 진입할 수 있도록 교통정리를 했던 이야기로 넘어갔다. 내가 말했다.

"어제 네가 교통정리 하고 있을 때, 그냥 지나간 아이들도 있었지?"

"응."

"왜 그냥 갔을까? 지각할까봐? 사고 난 줄 몰라서? 여러 가지 이유가 있겠지? 왜 그런 거 같아?"

"사고 난 줄 몰랐을 수도 있고, 사고 난 걸 알고도 '그냥 별 거 아니겠지' 생각하고 갔을 수도 있겠지."

"그래. 그럼 너 혹시 사고 난 줄 알면서도 그냥 간 아이들을 나쁘게 생각하지는 않냐?"

"나쁘게는 안 보지. 근데 조금 아닌 것 같다는 생각은 했어."

"너는 네 가치관에 따라서 행동한 거야. 너는 사람을 도와야 한다는 생각을 지니고 있으니까 도로가 막힌다고 투덜거리는 학부모들이 싫었던 거고, 그냥 지나가버린 학생들한테는 섭섭한 마음이 들었던 거 아닌가?"

"그래. 맞아."

"그렇게 생각할 수 있고, 아빠는 전적으로 네가 옳다고 생각해. 다만 여기에서 그냥 지나간 친구들의 상황을 좀 더 살펴볼 필요가 있을 거 같아. 걔들이 다친 아이를 직접 봤을 경우에 너처럼 돕거나, 아니면 무서워서 그 자리를 뜨거나, 그것도 아니면 자기하고 상관없는 일이라고 생각하고 가버렸을 수도 있겠지?"

"그렇겠지."

"상관없다고 생각한 경우는 말할 가치도 없는데, 문제는 무서워서 그 자리를 뜬 학생들이라고 봐. 아빠가 보기에 네가 섭섭한 마음이 들 수는 있겠지만, 걔들을 탓할 수는 없다고 봐."

"탓하지는 않는데? 무서워할 수도 있는 거잖아."

"그렇지. 그런데 많은 사람들은 '어떻게 그런 일을 보고도 지나갈 수 있냐'고 하면서 상관없다고 생각하는 사람과 무서워서 자리를 뜬 사람을 똑같이 취급하잖아."

"맞아."

반드시 이래야 한다는 생각이 없다

세상엔 분명 옳은 일이 있고, 그른 일이 있다. 사람은 살아 있는 동안 늘 이 두 가지 중 하나를 선택해야 하거나, 선택을 강요받기도 한다. 그러나 무슨 일이든 내용을 따져 보면 이 두 가지로 쉽게 재단할 수 있는 일은 생각보다 많지 않다. 아이의 일처럼 비교적 시비가 명확히 드러나는 경우를 두고서도 '그냥 지나가 버린 건 잘못이야' 하고 일축할 수 없는데, 그렇지 않은 일에 있어서야 말할 나위가 없다.

이 옳고 그름에 대한 생각이 생각에서 그치면 그만인데, 자신의 의견이나 가치관을 상대도 따르라고 강요하면서 갈등이 일어난다. 크게는 사상의 검증에서 작게는 일상적인 일에 이르기까지 자신만 독야청청하다고 외치고 갈등을 부추기는 사람들이 적지 않다.

아무리 옳은 일이라도, 많은 사람들이 공감하는 일이라도 '이게 옳으니까 이렇게 해', '이걸 하지 않는 사람은 모두 나쁜 놈이야', '왜 이걸 안 해?'라고 소리치는 순간 일이 어긋나기 시작한다. 나와 상관없다고 자리를 뜬 사람과 무서워서 자리를 뜬 사람 모두를 나쁜 사람으로 취급하는데 갈등이 일어나지 않을 수 없다. 이와 관련하여 읽어볼 만한 옛사람의 말이 있다.

> 군자는 세상 일에 대해서 무조건 이것만 옳고, 저것은 그르다고 여기지 않고, 의로움을 기준으로 판단한다.
>
> 《논어》〈이인里仁〉

말 그대로다. 한쪽으로 치우치지 않아야 한다는 뜻이며, 되도록 자신의 생각만 옳다고 고집하지 말아야 한다는 뜻이다. 위에서 말한 의로움을 두고 이 역시 결국은 자기 생각이 아니냐고 할 수도 있겠지만, 그보다는 대체로 세상 사람들이 무리 없이 수긍할 만큼의 의로움이라고 이해하는 것이 온당하지 않을까 한다. 다만 이조차도 남에게 강요해선 안 될 것이다. 《논어》에 이런 말이 나온다.

> 공자는 네 가지를 완전히 끊어버렸다. 공자에게는 사사로운 생각, 반드시 이러해야 한다는 생각, 하나를 고집하는 마음, 이기적인 마음이 없었다.
>
> 《논어》〈자한子罕〉

이런 글을 가져다 쓰고 있으면서도 공자가 정말 저런 사람이었을까 하는 생각이 든다. 공자의 학문을 더욱 발전시켜서 '아성亞聖(성인에 버금가는 사람)'이라고 불리게 된 맹자는 공자를 두고 이렇게 말했다.

공자께서 제齊나라를 떠나실 때에는 밥을 지으려고 물에 담갔던 쌀을 건져 가지고 갈 정도로 급히 떠나셨고, 노魯나라를 떠나실 때에는 '더디고 더디구나. 나의 발걸음이' 하셨는데, 이것은 노나라가 부모의 나라였기 때문이다. 빨리 떠날 만할 상황이 되면 빨리 떠나고, 오래 머물 만한 상황이 되면 오래 머물며, 숨어 지내야 할 상황이 되면 숨어 지내고, 벼슬할 만한 상황이 되면 벼슬을 하신 분이 바로 공자셨다.　　　　　　　　　　　《맹자》〈만장萬章하下〉

　공자는 때에 맞춰서 처신을 잘했다는 말인데, '반드시 이래야 한다'고 생각하지 않았기에 저와 같은 행동을 할 수 있었던 게 아닌가 한다.

　공자는 자신의 뜻을 알아줄 군주를 찾기 위해 평생을 떠돌아다녔다. 제나라에선 한 번 벼슬을 할 기회가 있었는데, 벼슬을 얻기 직전에 당시의 유명한 명재상 안영晏嬰의 반대로 무산됐다. 조국인 노나라에서 대사구大司寇(법관) 벼슬을 했으나 나라가 혼란스러워지자 이내 그만두었다. 여하튼 공자는 벼슬을 무척 하고 싶어 했지만, 그렇다고 벼슬에 얽매이지도 않았다.

　저런 태도를 지니기도 어렵고 실천하기는 더욱 어려울 것 같다는 생각이 든다. 그러니 매사 저렇게 살기는 어렵고, 가끔 한두 번쯤 떠올려보는 것 정도까지는 할 수 있지 않을까? 나는 위

글에 나온 네 가지 중에서 '반드시 이러해야 한다는 생각'에 주목했다. 물론 때에 따라 '반드시 이래야 한다'고 생각하고 실행해야 할 일이 있겠는데 역시 여기에 지나치게 집착하다가 일을 망치는 결과를 얻지 않도록 조심해야 한다. 이와 같은 파국을 불러들이지 않는 현실적이면서도 쉬운 방법이 있다.

"묻기를 좋아하면 넉넉해지고, 내 생각대로만 하면 작아진다."

《서경書經》〈중훼지고仲虺之誥〉

내 소신은 나만의 것일 수도 있다

큰아이한테 이렇게 말했다.

"그러니까 너는 어떤 일을 이분법으로 생각하고 있지 않아. 그 생각을 표현하지 못했을 뿐이지. 너는 무서워서 자리를 피한 사람을 이해했잖아. 너는 '봤으면 지나칠 수 없고, 그게 옳다'는 생각을 갖고 있지만, 자리를 피한 사람이 틀렸고 나쁘다고 보지 않았잖아?"

"그러네?"

"너는 이미 두 가지 이상의 생각을 했고, 네 생각만 옳다고 고집하지 않잖아. 그러니까 굳이 너 스스로 두 가지밖에 생각하지 못한다고 하지 않아도 될 것 같네. 그저 쓰는 연습을 덜했을 뿐이라고 봐. 네 생각에는 별 문제가 없는 것 같아."

"응."

어떤 때는 남들이 뭐라고 해도 내 고집을 세워야 할 때가 있고, 소리 높여 옳다고 외쳐야 할 때도 있다. 그러나 옳은 일이라고 해서 그것만 내세우면서 나에게 동조해주지 않는 사람을 섣불리 탓해서도 안 되겠다. 우선 세상일에 칼로 무 베듯 시비가 명확히 갈리는 건 생각보다 많지 않기 때문이고, 사람의 성격이나 처한 위치에 따라 생각이 제각각인 것이 하나의 이유가 될 수 있다.

이래서 공자뿐 아니라 많은 사람이 나만 옳다고 하는 태도를 경계했던 것이다. 〈사소절〉을 쓴 이덕무도 이런 말을 남겼다.

선비는 자신의 의견과 다른 의견을 만났을 때 애를 쓰며 다투어서는 안 된다. 나의 체면만 손상될 뿐이기 때문이다. 그저 따르지 않는 것이 옳을 뿐이다.
이덕무, 《청장관전서》〈사소절〉

얼핏 보면 그저 '좋은 게 좋은 거'라고 말하는 것 같지만, 생각의 차이가 많이 나는 경우엔 저러는 것 이외에 더 좋은 방법

이 없다. 아이의 일처럼 비교적 옳고 그름이 잘 드러나는 경우에
도 조심해야 할 게 많은데, 그렇지 않은 일이라면 굳이 내 고집을
세워서는 안 된다. 특히 호오好惡가 분명하게 드러나는 정치적인
사안, 사람들마다 지니고 있는 교육관에 대해 말할 때에는 더 조
심해야 하고, 접점을 찾을 수 없을 땐 물러나는 게 바람직하다.
내 소신은 나만의 것일 수도 있다는 마음을 지니고 늘 조심하면
서 살아가야 하지 않을까 한다.

혼자 힘으로
사는 사람은 없다

앞에서 끌어주는 사람이 없으면

비록 미덕이 있더라도 이를 드러낼 수 없고,

뒤에서 밀어주지 않는다면

비록 성대한 업적이 있더라도 전해지지 않으니

이 두 부류의 사람은

서로 의존하지 않은 적이 없습니다.

한유

자수성가의 오만함

～～～～～

　남의 도움 없이 오로지 자신의 노력만으로 재산을 모으거나 높은 지위에 오르는 것을 '자수성가自手成家'라고 한다. 세상엔 이처럼 학연이나 지연을 따지는 세상 분위기 속에서 그런 것 없이 자수성가한 사람이 적지 않다. 학비가 없어서 밤에 일을 해가며 공부해서 높은 자리에 올라간 사람, 밑천이 부족하여 막일부터 시작해서 조금씩 돈을 모아 창업하고, 끝내는 큰 기업을 이룬 사람, 앞뒤에서 도와주는 사람 없이 오로지 자신의 능력만으로 성공한 사람이 바로 자수성가의 주인공이다. 이들의 고생담을 듣고 있으면 저절로 존경심이 일어나며, 현재의 게으른 나를 반성하면서 열심히 노력해야겠다고 다짐하게 된다.

　그러나 과유불급過猶不及(지나친 것과 미치지 못하는 것은 같다)이라고 했다. 자수성가한 사람들 중 적지 않은 사람이 '나처럼 노력하면 세상에 이루지 못할 것은 없다'고 하면서 노력을 강조하고, 자신의 경험이 세상살이의 전부인 것처럼 포장한다. 결과적으로 성공을 했으니 그 노력과 경험은 아직 성공하지 못한 사람에게 좋은 참고가 되기는 하나, 사람마다 처한 환경이 다르고 각자 지니고 있는 기량이나 사고방식도 다르므로 자신의 생각을 지나치게 드러내서는 안 되고, 자신을 기준으로 세상일을 판단해선 더 더욱 안 된다. 지나치게 자신의 성공을 강조하는 사람은 실패의 원인을 모조리 노력의 부족으로 돌리는 경우가 많다. 참으로 단순하고 독단적이라 하지 않을 수 없다.

모르긴 모르되 그 사람이 성공하게 된 바탕에는 우선 초인적인 노력이 있었겠지만, 그 노력과 그에 따르는 성실함을 믿어준 주변 사람의 도움이 있었을 것이다. 아무리 노력해도 주변에서 돕지 않았더라면 성공하지 못했을 것이다.

가까이로는 부모, 배우자, 자식, 친구가 있고, 멀리로는 선생, 선배, 후배가 있다. 과연 이들이 음양으로 돕지 않았어도 성공할 수 있었을까? 되도록 남에게 신세를 지지 않고 혼자서 해결하려는 노력은 그 자체로 인정할 만하지만, 남의 도움을 받는 것을 부끄럽게 여기거나, 남의 도움을 청하는 사람을 은근히 얕잡아 봐서는 안 될 것이다. 그조차 성공하기 위한 노력이고 방법이다. 물론 '과유불급'은 이 경우에도 해당한다고 할 것이다. 중국 당唐나라의 문장가이자 정치가인 한유韓愈(768~824)는 이렇게 말했다.

버슬이 없는 선비는 삶이 곤궁하므로 높은 자리에 있는 사람의 권세를 빌리지 않으면 뜻을 이룰 수 없고, 높은 자리에 있는 사람의 업적을 드러내려면 버슬 없는 선비의 칭송을 빌리지 않고서는 명성을 널리 알릴 수 없습니다. 이런 까닭으로 버슬이 없는 선비는 비록 매우 천하더라도 아첨하지 않고, 높은 자리에 있는 사람은 비록 매우 귀하더라도 교만하지 않으니, 그 일의 형세가 서로 의존하고 일의 앞뒤가 서로 도와야 하는 처지이기 때문입니다.

《당송팔대가문초唐宋八大家文鈔》〈여봉상형상서서與鳳翔邢尚書書〉

이 글은 한유가 봉상鳳翔이라는 지역을 유람하다가 그곳의 관찰사로 재직하고 있던 형군아邢君牙라는 사람에게 자신을 소개하는 편지다. 쉽게 말해 자신을 좀 알아주십사 하는 글인데 어찌 보면 조금 궁한 것 같지만, 가만히 보면 크게 틀린 말을 했다고 보기도 어렵다. 능력의 유무, 지위의 고하에 불구하고 도움이 없으면 일을 성취하기 어렵다는 말이다.

모든 사람이 걸어온 길을 전부 알 수는 없지만, 이런 글에 비추어 보면 '나는 자수성가했다'고 단언해선 안 되고, 오늘이 있기까지 자신에게 크고 작은 도움을 준 사람 덕분에 이렇게 살고 있다고 해야 할 것이다. 그래도 큰소리를 치는 사람이 있다면 그 사람은 성공과 겸양의 덕을 바꿨다고 할 수 있겠다.

아버지의 눈물

언젠가 고향인 경북 봉화에 내려갔을 때 일이다. 봉화 옆의 큰 도시인 영주에 가려고 버스를 탔다. 시골이라 버스 안에는 승객이 많지 않았다. 백발에 몸집이 작고 허리가 꼬부라진 할머니, 여중생 둘, 나, 이렇게 네 명이 전부였다.

영주에 도착해서 내리려고 하다가 할머니를 보니 큰 보자기 두 개를 들고 이러지도 저러지도 못하고 계셨다. 하필 내 양손에도 짐이 있어서 도울 생각을 못하고 있는데, 여중생 한 명이 나섰다.

"할매, 제가 이거 들어드릴게요."

"아이고, 학생, 고맙데이."

별 것 아닌 풍경인데 흐뭇하기도 하고, 부끄럽기도 했다. 아버지한테 이 이야기를 했더니 아버지가 말씀하셨다.

"네 이야기 들으니 우리 할매 장사 지낼 때가 생각난다."

"우리 할매? 증조할머니?"

"그래."

"장사 지낼 때 다들 서로 돕고 그러지 않았나요, 옛날에는?"

"우리 집이 가난했잖아. 할매가 돌아가셨는데 묘를 쓸 곳이 없는 거야. 아부지가 걱정을 많이 했어."

"증조할매 묘소? 아부지 고향집 뒤에 있잖아요?"

"거기가 원래 밭이었어."

"아, 그렇구나. 왠지 묘소가 집 가까운 데 있다 했어요."

"하여튼 그때 장사를 지내야 되는데, 우리 집이 가난해서 사람들 대접을 못했어. 일꾼하고 구경꾼한테 밥을 줘야 되는데, 밥이 없어서 일꾼들 줄 밥 열 그릇만 딱 마련해놓은 거야."

"아이고…."

"아부지가 나한테 열 명 일꾼 이름을 적어주면서 '어디어디 누구한테 가서 밥 먹으러 오라고 해'고 심부름을 시켰어."

"예."

"그런데 열 집 전부 다 들렀는데, 미리 밥을 다 먹었더라. 우리 집 없이 사는 거 알고, 미리 밥을 다 먹은 거야."

"…."

"내가 '가셔서 밥 잡수소' 하니까 웃으면서 '나는 하마 밥 다 먹었다. 가서 내 밥은 됐다고 말씀드려라' 하는 거야."

"…."

증조할머니 돌아가신 건 아버지가 십대였을 때니까 육십 년도 넘은 이야기인데 마치 어제 일처럼 이야기를 하셨다. 이 이야기를 하면서 아버지는 무슨 생각을 하셨을까? 나는 멀거니 앉아 있고, 아버지는 고개를 돌려 창밖을 바라보셨다.

밥 열 그릇의 은혜

아버지는 1944년생이다. 이 시기에 태어난 어른들은 대부분 많은 고초를 겪으며 살았고, 자수성가한 분들이 많다. 아버지도 이 유형에 속하는 사람이라서 여느 어른들처럼 자신의 고생담을 자랑스럽게 이야기하고, 자신의 경험을 중시한다. 그러나 아버지는 지금껏 나한테 '나는 자수성가했다'고 말씀하신 적이 없다. 살면서 도움을 받았던 여러 분의 은혜를 잊지 않고 있기 때문일 것이다. 다시 한유의 글을 읽어보겠다.

선비로서 당대에 큰 명성을 누리며 높은 지위에 오른 사람들 중에는 세상의 명성을 지닌 선배들이 그를 위해 앞에서 끌어주지 않은 경우가 없고, 선비로서 미덕이나 업적을 전하여 후세를 밝게 비추는 사람들 역시 세상의 명망을 지닌 후배들이 그를 위해 뒤에서 밀어주지 않은 경우가 없습니다. 앞에서 끌어주는 사람이 없으면 비록 미덕이 있더라도 이를 드러낼 수 없고, 뒤에서 밀어주지 않는다면 비록 성대한 업적이 있더라도 전해지지 않으니 이 두 부류의 사람은 서로 의존하지 않은 적이 없습니다.

《당송팔대가문초》〈여우양양서與于襄陽書〉

거창해 보이지만, 나의 일상에 적용할 만한 글이다. 이를 '인맥이 전부다'는 뜻으로 받아들이며 비판할 수도 있겠고, 벼슬을 구하기 위해 조금은 구차하게 구는 것으로 보일 수도 있겠다.

실제로 한유는 재상에게 세 번이나 자신을 등용해달라는 편지를 썼다. 이 일을 두고 중국 남송南宋의 최고 학자인 주희朱熹(1130~1200)는 "한유는 자리를 탐내고 봉급을 사모하여 잡됨을 벗어나지 못한 사사로운 사람"이라고 혹평하기도 했다. 이런 까닭으로 주희의 영향을 받은 선비들은 한유의 처신을 비판했고, 누군가의 청렴함을 칭찬할 때 한유의 행동과는 달랐다는 식으로 표현하기도 했다.

예를 들어 조선 후기의 학자 갈암葛庵 이현일李玄逸(1627~1704)은 배장은裵章隱이라는 사람을 두고 쓴 만시挽詩(상여를 끌 때 쓰는 시라는 말로 추모시를 뜻함)에서 이렇게 말하였다.

언제 일찍이 재상에게 벼슬을 구한 적 있었나? 오직 전원에서 요임금 · 순임금을 사모했을 뿐.

이현일, 《갈암집葛庵集》 권1, 〈만배장은挽裵章隱〉

한유의 일을 들어 배장은을 높여주고 있음을 알 수 있다. 그러나 나는 이현일의 글은 그런대로 받아들일 수 있지만, 주희의 혹평은 너무 심하지 않은가 생각한다. 편지를 쓴 행위와 편지의 내용 모두를 싸잡아 비판하는 것인데, 과거에 급제한 선비가 벼슬을 못하는 상황에서 누군가에게 뇌물을 바친 것도 아니고, 자신을 알리는 편지를 쓴 게 무엇이 문제인지 알 수 없다. 나는 사람은 혼자 살 수 없고, 무슨 일이든 성취하기 위해서는 내 노력도 반드시 필요하지만, 주변에 돕는 사람이 있어야 한다고 보고 있다.

이런 까닭으로 나는 아버지가 세상에서 자신의 역할을 했던 것, 그 아버지의 자식으로 태어나 글을 쓰고 밥을 먹는 것, 이 바탕에는 그때 아버지께 "나는 하마 밥 다 먹었다. 가서 내 밥은 됐다고 말씀드려라"고 하시며 웃음 지었던 이름 모를 어른들의 밥 열 그릇의 은혜가 있다고 믿는다. 세상을 살아감에 있어 가장 기본이 되는 일을 가르쳐주신 그 어른들께 감사드리며 산다.

아이를 크게 키운 고전 한마디

초판 1쇄 펴낸날 2020년 8월 25일
초판 2쇄 펴낸날 2020년 9월 23일

지은이   김재욱
기획   배소라
펴낸이   조은희
책임편집   한해숙
편집   신경아
교정   정일웅
디자인   최성수, 이이환
마케팅   박영준
온라인마케팅 정보영
영업관리   김효순
제작   정영조, 강명주

펴낸곳   주식회사 한솔수북
출판등록   제2013-000276호
주소   03996 서울시 마포구 월드컵로 96 영훈빌딩 5층
전화   편집 02-2001-5823 영업 02-2001-5828
팩스   02-2060-0108
전자우편   isoobook@eduhansol.co.kr
블로그   blog.naver.com/hsoobook
인스타그램   isoobook
페이스북   isoobook

ISBN 979-11-7028-684-4 03370

이 도서의 국립중앙도서관 출판예정도서목록(CIP)은
서지정보유통지원시스템 홈페이지(http://seoji.nl.go.kr)와
국가자료공동목록시스템(http://www.nl.go.kr/kolisnet)에서
이용하실 수 있습니다. (CIP제어번호: CIP2020031904)

 한솔수북 한솔수북의 모든 책은 아이의 눈, 엄마의 마음으로 만듭니다